OFFERING YOU THE CORE TRAINING BASIC
世界一効く
体幹
トレーニング
中野ジェームズ修一
NAKANO JAMES SHUICHI
サンマーク出版

中野さん、世界一効く体幹トレーニングを教えてください！

中　初めて体幹トレーニングに挑戦するという方にお聞きします。〝体幹トレーニング〟と聞くと、どんな動きやポーズをイメージしますか？

体をまっすぐにする、プランクとか。

お腹を鍛えるんだから、腹筋運動でしょ。

腕や脚を伸ばすような……。すみません、よくわかりません。

中　ありがとうございます。では体幹トレーニングを経験したことのある方、いつもの種目を実践しながらお腹の正面を触ってみてください。どうなっていますか？

硬くなっています。

カチカチです。

中　体幹トレーニングが効かないとおっしゃる方の多くは、お腹の前面にある腹直筋を筆頭に、どこかが力んでしまいます。そのまま、歩いたり

まず体幹のメカニズムを「知る」ことが効果を上げる近道なんです

走ったり、激しい運動をしたりできそうですか？

あれ？　お腹がやわらかくなりました〜

ちょっと動きにくいです……。

中　ですよね。体幹トレーニングでいちばん多いのが「お腹まわりさえ鍛えればいい」という誤解です。お腹を固めるのは体幹トレーニングの一部でしかありません。理想は、力むことなく体幹を〝安定させる〟こと。骨盤や胴体がグラつかなくなると、体を思いどおりに動かしやすくなります。これがパワー発揮やスピードの向上につながり、疲労の抑制やケガ予防にも役立つのです。

　まずは体幹のしくみを知り、トレーニングの手順を知り、体幹が作動する感覚を知る。世界一効く体幹トレーニングは、そこから始まります。次のページから代表的な悩みにお答えしていきましょう。

この願い叶いますか？

1

話題の体幹トレで肩こりや腰痛をなんとかしたい！

――肩から背中にかけてのこりと腰痛が、だんだんひどくなってきました……。朝から座りっぱなしでパソコン作業をしているので、午後には背中も腰もガチガチです。

以前に比べるとだいぶ運動不足になってはいるので、せめて自宅で簡単にできそうな体幹トレーニングだけでもして、この状態から抜け出せ

スマホやパソコンの画面を
見る時間が増えたせいか、
以前は感じなかった
タイプのこりや痛みが。
手軽な方法で
解消できるといいんですが……

ほとんどの腰痛が
原因不明なんですね……

ないかと思っています。

中 腰の痛みは、どんな状態ですか。病院には行きましたか?

——いえ、病院に行くほどではないかな……。
つらいときにマッサージを受けるぐらいです。

中 なるほど。腰痛の種類は大きく2つに分けられます。
一つは、体の構造が〝壊れている〟場合※1**。じん帯や筋肉の損傷などによって痛みが出るケースで、これは医療機関での治療が必要です。もう一つが〝医学的には原因がはっきりしない痛み〟**※2**で、じつは腰痛の約85%**※3**がこちらです。**

——えっ!? ほとんどの腰痛が原因不明なんですか?

中 そうです。心理的ストレスや体に負担がかかる姿勢・動作、あるいは筋力不足による姿勢の乱れなどがあると、解剖学的に壊れていなくても痛みが出ると考えられています。

——腰痛なのにストレスが関係しているとは意外です。

中 たとえば強い精神的ストレスにさらされると、脳に負担がかかってダメージを受けます。すると痛みを抑えてく

※3
Richard A Deyo, James N.Weinstein., Low Back Pain. N Engl J Med 344 : 363-370, 2001

※1 ※2
「構造が壊れている」場合は特異的腰痛、「構造には問題がない」場合は非特異的腰痛と呼ぶ。詳細は以下のとおり
特異的腰痛……脊椎腫瘍、感染、骨折など、重篤な器質的疾患の可能性がある腰痛。神経症状を伴うもの。腰椎椎間板ヘルニア、腰部脊柱管狭窄症、関節炎、動脈瘤、婦人科系・消化器系疾患などの内臓疾患、外傷などに起因
非特異的腰痛…器質的異常、神経学的異常が明確でない腰痛。腰椎の機能障害(髄核の位置のズレなど)と脳の機能障害が原因とされる。腰椎の機能障害は慢性的な腰痛やぎっくり腰。重症化すると椎間板ヘルニアになる

長時間座り続けると体に負担がかかる姿勢や動作がクセになりやすいんです

れる脳内物質[※4]の分泌が減ってしまうため、痛みを感じやすくなるんです。

――仕事にも職場にも不満はないので、ストレスではないような……。姿勢に問題があるのかな？

中 長時間座り続けると姿勢がくずれやすく、腰に負担がかかりがちですからね。体に負担がかかる姿勢や動作を繰り返すと、本来の体の使い方からはずれた状態がインストールされてしまいます。

たとえばデスクワーク中に猫背になる、やわらかいソファに腰を沈めるなどすると腰が丸まります。ハイヒールをはくと、逆に腰が過剰に反りやすい。ひざを伸ばしたまま重いものを持ち上げるのも、腰椎に負担がかかる動作です[※5]。このような負担の蓄積が、腰椎[※6]の自然なカーブを変形させ、痛みを呼びます。

――筋力不足というのは腰の筋肉ですか？

中 おもに、お腹まわりの筋肉です。

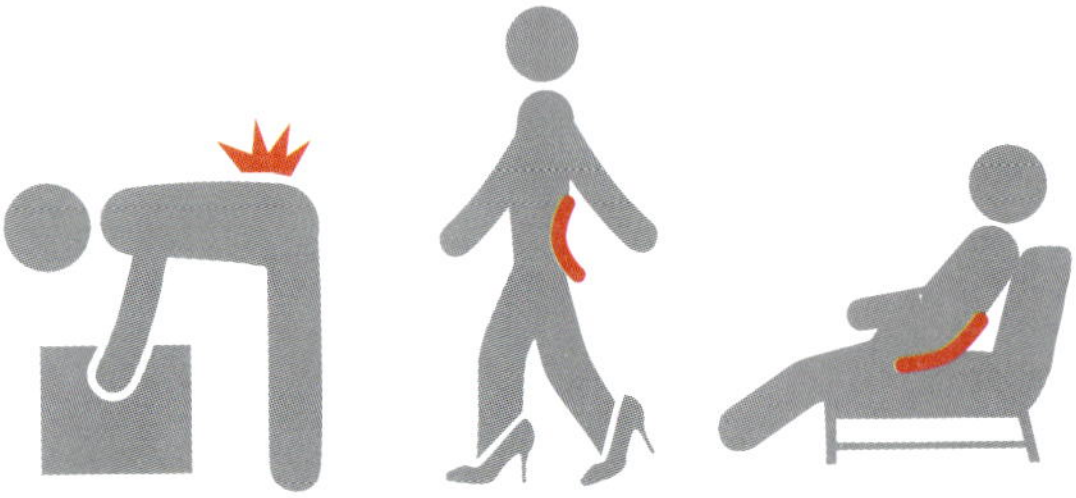

※5
猫背や反り腰が続いたり、不意にかがんだり重いものを持ち上げたりすることで、脊柱を形成する腰椎の髄核がずれて神経に触れ痛みが発生。髄核とは椎間板の中央にあるゲル状の物質。姿勢によって移動しやすいため、髄核を囲む組織が傷つき、神経に触れて痛みを発症する

※6
腰椎についてはP18欄外※3参照

※4
脳にダメージを受けると、痛みを抑えるシステムを活性化させる脳内物質、オピオイドの分泌量が減少し痛みを感じやすくなる。また、脳はストレスにさらされると、快感を覚えたり痛みを抑えたりする役割のあるドーパミンやセロトニンの分泌も減り、これも痛みの引き金に

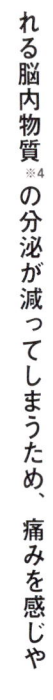

どちらかというと フッキンは苦手なんです

——腹筋は全然ないから、これもあてはまりそう（笑）。

中 **なかでも重要なのは、お腹の深部にある腹横筋です**※7**。腹横筋はろっ骨と骨盤のあいだを横からグルッと覆っているため〝天然のコルセット〟とも呼ばれています。**

ですから腹横筋がうまく働かない人が、うまく働かせられるようになるだけで腰椎への負担が軽減するんですよ。

——そっか〜。私、フッキンは苦手なんですが、頑張って鍛えます！

中 **いいですね。腰に負担をかける姿勢・動作や筋力不足による腰痛なら、体幹トレーニングは有効です。**

ただし、あお向けで体を起こす腹筋運動（クランチやシットアップ※8 **だけ頑張っても、おもに鍛えられるのは〝腹直筋〟**※9**。腹横筋にはあまり効きません。**

——でも、よくお医者さんも〝腰痛予防に腹筋を〟って言いませんか？

中 **それは、おそらく〝腹筋群を鍛える〟という意味でしょう。お腹には腹直筋だけでなく、さきほどの腹横筋、内・外腹斜筋など**※10**があり、それぞれがお腹を支**

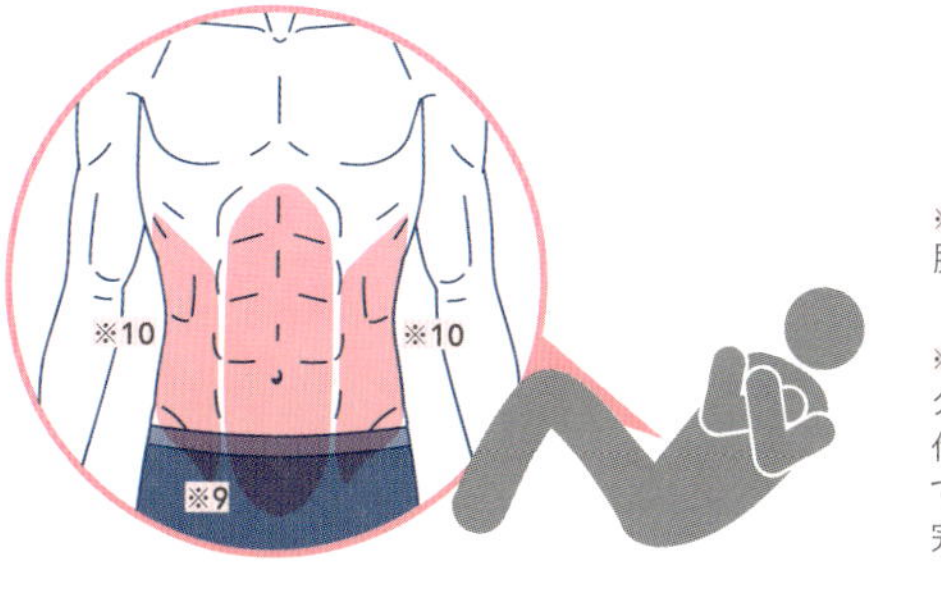

※7
腹横筋についてはP12欄外※2参照

※8
クランチやシットアップは腹筋運動の代表。クランチは肩甲骨が離れる程度まで上体を起こし、シットアップは上体を完全に起こす。どちらもあお向けで行う

肩こりもひどいんですが、
それも体幹トレーニングで楽になりますか？

えています。

——なるほど〜。ちなみに私は肩こりもひどいんですが、それも体幹トレーニングで楽になりますか？

中 肩は腹筋群との関係が薄く、直接的な解決策にはなりません。ただ体幹トレーニングには体の安定性を高める効果があるので、そういう意味では肩こり解消にも効きます。

——えーと、どういうことですか？

中 肩こりも腰痛と同様に、姿勢と関係が深いんです。デスクワークなどで背すじを丸めていると、肩甲骨は左右に開き猫背になります。すると肩まわりの筋肉※11は絶えず伸ばされ、緊張状態が続いてしまう。筋肉が緊張すると血液の巡りは悪くなります。それが発痛物質を含む代謝物の蓄積をうながし、こりや痛みにつながるというわけです。

——そっか。姿勢改善できれば一石二鳥ですね！

中 体幹トレーニングで腹横筋をうまく使えるようになれば姿勢が整い、肩甲骨も本来あるべき位置に戻りやすくなります。間接的ではありますが、肩こりのリスクは減るでしょう。

※11
肩こりは背骨と肩甲骨をつなぐ菱形筋や僧帽筋など肩まわりの筋力の弱さ、柔軟性不足、そして動かさないことが原因。菱形筋は僧帽筋の下（深層）にある

この腹横筋を含む、お腹を内側から支えてくれる構造を〝インナーユニット〟と呼びます。インナーユニットをうまく使えるようになると、腰や肩、背中の痛みやこりを呼ぶ、体にかかっていた負荷を肩代わりしてくれますよ。

――イ、インナーユニット……。なんだかすごそう……。

腹横筋を使えると腰や肩の負担が軽くなります

姿勢ってすごく大事ですね！

この願い叶いますか？

2

体幹トレで この腹を最速で 凹ませたい

——ワタクシ、今度こそ本気で腹を凹ませたいと思いまして。世界一腹を凹ませる体幹トレーニング、教えていただけませんか。苦手なフッキンも頑張りますので。

中 **お腹やせで〝まず腹筋運動！〟と考える人はけっこう多いですし、体幹トレーニングに期待する人も多いのですが、その2つから始めても、お**

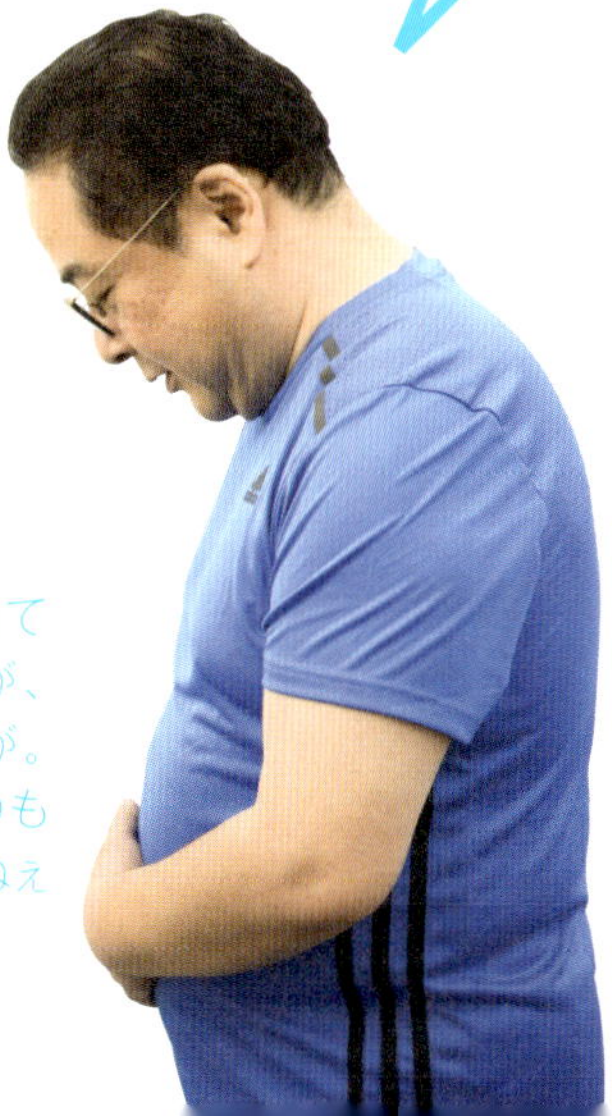

栄養指導を受けて
体重コントロールを頑張っているが、
そのわりに腹は凹んでくれない気が。
でも、キツい筋トレも走るのも
イヤなんですよねぇ

体幹トレーニングから始めても、
お腹はさほど凹みません

腹はさほど凹みません。

――え。でも腹が出るのは腹筋が弱いからじゃないんですか。

中　たしかに運動不足や加齢で衰えたお腹の筋肉は、鍛えれば引き締まります。ですが、いくら引き締めても溜まった脂肪が消えるわけではない。そして、いわゆる腹筋運動の〝クランチ〟〝シットアップ〟だけを頑張っても、お腹は凹みません。

――マジですか！　フッキンをガンガンやり込めば腹は凹むと思っていました……。

中　腹筋運動で使う腹直筋はお腹の前面にしかないため、たとえ前面が凹んだとしても出ているお腹全体を押さえ込むほどの力は得られません。ふくらませたゴム風船を押さえつけたら平らになりますよね。あのイメージです。

腹直筋さえ鍛えればお腹が6つに割れる〝6パック〟※1ができると思う人もいますが、皮下脂肪さえ薄ければお腹は割れて見えるものなんです。

マ、マジですか！

※1
6パックとは、腹部の前面に走るアウターマッスル「腹直筋」の盛り上がりと、腹直筋を左右に区切る縦に走る腱「白線」、横に走る短い腱「腱画」によって、6つのパックに分かれた形状からくる“カッコいいお腹”を表す語。実際には6つだけでなく、4つの人もいれば7～8つに分かれている人もいる

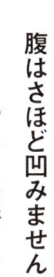

フッキンをガンガンやって腹の脂肪を燃やせば、気合いで引き締まりませんかねぇ

——でも体幹トレーニングをすると〝腹横筋〟※2のパワーでギュッと引き締まる、って聞いたことがありますが。

中 **たしかに胴体をぐるりと囲む腹横筋には、お腹を引き締める働きがあります。でも薄くて力もあまり強くない腹横筋がいくら引き締めても、脂肪が詰まったお腹の飛び出しを押さえるのは難しい。ひもで締め上げる市販のコルセットでも使わないかぎり、くびれません。**

それに腹横筋は、お腹の深部にある筋肉です。どれだけ鍛えても、その上に乗っている皮下脂肪を凹ますのは無理があると思いませんか。

——うーむ。まぁ冷静に考えればそうですね……。では、どうすれば早く腹は凹みますか。

中 **詰まっている脂肪を落とすのがベストです。それを成功させるために、自分に合った継続できる方法を見つけましょう！**

——なんだか面倒そうな気が……。フッキンをガンガンやって腹の脂肪を燃やせば、気合いで引き締まりませんか。

中 **筋トレをすると、鍛えている部分の脂肪が燃えていくとイメージする人も多いですね。**

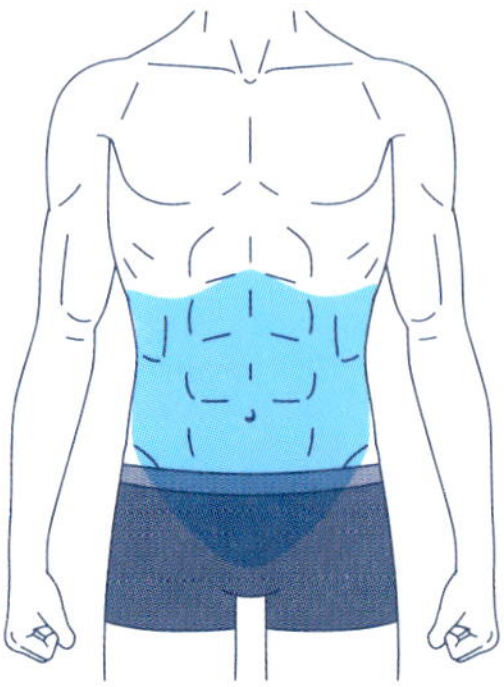

※2
腹横筋とは腹部の深層部にあるインナーマッスルの一つ。ろっ骨と骨盤に付着し、お腹まわりをコルセットのように覆っている

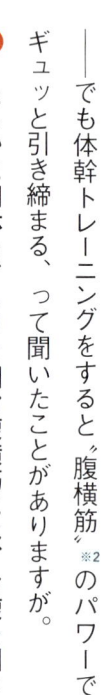

人間の体に、動かしている部分の脂肪だけを燃やすしくみはありません

残念ですが、人間の体には動かしている部分の脂肪だけを燃やすしくみはありません。腹筋運動をすると、血液中の糖や脂質が安静時より多く消費されます。これは体にとっての〝緊急事態〟なので、筋肉や体脂肪に蓄えられていた糖や脂質が血液に放出される※3ようになるんです。

—緊急事態なら、腹の脂肪だけ分解してたら間に合わないか……。

中 内臓脂肪は消費されやすい形状で蓄えられているので、お腹の脂肪を燃やすと言えなくはないでしょう。しかし腹直筋は大きな筋肉ではないため、基礎代謝量が増えるほど筋肉の量は増えません。限界まで頑張ったとしても、つらいわりに体脂肪は減らないのです。

お腹の脂肪を効率的に減らすなら、方法は3つあります。

1 食事をコントロールする※4

2 ランニングやウォーキングといった大筋群を使う有酸素運動で消費エネルギーを増やす

腹筋運動と体幹トレーニングは、この2つほど脂肪を減らす効果が期待できないので、あまり効率的とは言えません。

incorrect…
動かした箇所だけ燃える
correct
全身で燃える
脂肪酸
筋肉内で分解
エネルギー

※3
運動してエネルギーを消費すると全身の体脂肪が分解され、血液に脂肪酸が放出される。それが筋肉内で水と二酸化炭素に分解されるとエネルギーが生まれ、筋肉を動かすガソリンになる。動かす部分の脂肪だけが使われるわけではない

筋トレも、やり方次第なんですね

——じゃあ筋トレをしても意味がないんですかね。

中 **いえ、3つめの方法が筋トレです。**

ただし、腹直筋より質量の大きい筋肉がたくさんある下半身を鍛えたほうが効率的です。筋トレでも、動かす筋肉が大きいほど体は多くのエネルギーを消費するので、体脂肪もたくさん分解されます。ですから、下半身の大きな筋肉をできるだけ長時間使える種目のほうが脂肪燃焼には有効です。

——筋トレも、やり方次第なんですね。

中 **人間は20歳を過ぎると年におよそ1％ほどの筋肉が失われますが、そのほとんどは下半身の筋肉です。筋肉が減るとエネルギー消費を増やしてくれる基礎代謝の低下を招き、日々の脂肪燃焼量が減ります。そうするとやせにくく太りやすく、リバウンドしやすい体に。下半身の筋肉量が落ちてきた方が、いくら体幹トレーニングをしてもお腹は凹みません。だから下半身を鍛えたほうが、はるかに手っ取り早いんです。**

——そうかあ。じゃあ体幹トレーニングは、いまのワタクシには必要ないですかね……。

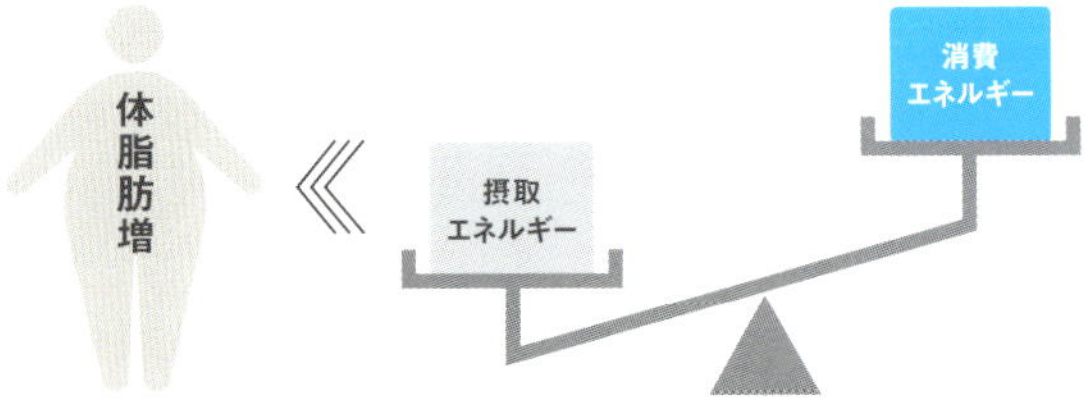

※4
食べすぎ・飲みすぎの生活が続くと脂肪が余計についてしまうのは、摂取エネルギー（食事から摂るもの）が消費エネルギーを上回ることが大きい。余ったエネルギーは内臓脂肪や皮下脂肪としてどんどん蓄積される

体幹トレーニングでも お腹は引き締まりますが **皮下脂肪は落ちません**

中　もちろん脂肪を落としたら、ぜひ体幹トレーニングに取り組んでください。腹横筋を含む〝インナーユニット〟を使い続けることで、さらにお腹はキュッと引き締まり、腰痛予防にも役立ちます。疲れにくくもなりますし、スポーツパフォーマンスも上がるんです。

——イ、インナーユニット……。ちょっとカッコいい……

この願い叶いますか？

3

体幹トレでケガなく、長く楽に走れるようになりたい

――ここ数年、年に2〜3回はフルマラソンの大会にエントリーしています。最近ちょっとひざがヤバい感じなので、ちゃんとした体幹トレーニングに取り組んでみようかなと。

中 **ひざがヤバい感じなんですね。理由は何だと思いますか。**

――え〜と……走る距離が長いと、関節や筋肉が長時間ダメージを受け

短距離走は得意だったんですが、
長距離を走るようになってから
ケガをしがちになりました。
ストレッチや補強トレーニングは
やっているんですが

ひざがヤバいので、体幹トレーニングでどうにかしたいです

続けるからだと思います。

中　そうですね。では、なぜ体幹トレーニングを選びましたか。

――えっ、いや青山学院大学駅伝チームの選手たち※1がやっているなら、間違いないかなと思って……。

中　なるほど（笑）。まず、なぜ体幹トレーニングがランナーに必要なのかをご説明しましょう。

たとえば大きな台車に家を乗せて、道を走るとします。このとき車輪が受ける衝撃で家はグラグラゆれ、スピードを上げると、さらに激しくゆれますよね。すると家を支える柱や梁《はり》のジョイント部分に負荷がかかり、ひび割れやゆるみが発生する。こうして家は壊れていくわけです。

――同じことが走っている人の体に起きるんですね。

中　そうです。体を建物の構造にあてはめると、ひざや腰などの関節はジョイント部分。じつはランナーが痛みを抱える部位のおよそ90％は、ひざと腰が占めています。

――やっぱりみんな同じところを痛めるんですね……。

中　ひざ関節は不安定※2なので、ランナーは特に、ひざ周

※1
著者は2014年度から青山学院大学駅伝チームのフィジカルトレーニングを担当。体幹トレーニングを導入した初年度の第91回東京箱根間往復大学駅伝競走（箱根駅伝）で、チームは総合優勝を果たした。以降、第94回大会まで4連覇を達成

※2
ひざは太ももの大腿骨とすねの脛骨が接して関節を形成しているだけの不安定な構造。ひざの周囲につくたくさんの筋肉によって守られているが、筋肉の使いすぎ、あるいは運動不足で筋肉が硬くなったり衰えたりすると、関節のほうに負荷がかかってしまい、じん帯や軟骨の損傷にまでつながる

腹横筋の弱さと腰椎にかかる負担によって
ランナーは腰を痛めやすいんです

辺の組織を損傷しやすいんです。

――腰を痛めるのは、どうしてですか？

中 胴まわりは、コルセットのような形の〝腹横筋〟に覆われています。腹横筋が弱ければ当然、体幹部は不安定になるため、腰に余計な負荷がかかって痛めやすくなっていく。また走っているときは脚を前後に振りますが、股関節でつながっている骨盤も激しく動きます。すると骨盤の上の腰椎※3にも負担がかかりやすい。腹横筋の弱さと腰椎にかかる負担、この2つによってランナーは腰を痛めやすいんです。

――冷やしたり温めたりするだけでは、解決しませんね……。

中 そうです。体はすべてつながっているので、1か所痛めると飛び火します。ランナーは着地の衝撃が響くひざ、脚と骨盤をつなぐ股関節、体重を支える足関節も痛めがちです。

フルマラソンに挑戦する人は練習量も多いので、走れば走るほど体が壊れるリスクは高まります。

――ケガなく楽に走るなら、安定した体が必要ですね。

中 だから体幹トレーニングが有効なんです。体幹が安定すると、ひ

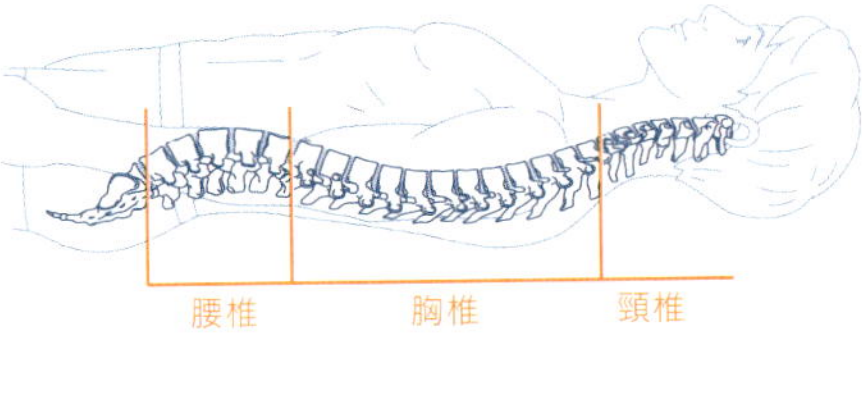

※3
腰椎とは24の椎骨からなる脊柱の一部。頭蓋骨からつながる頸椎、胸部にあたる胸椎の下にあり、5つの骨からなる腰部の骨。仙椎を介して骨盤とつながっている

ざや腰、股関節など、走る動作を支える多くの部位の負担も軽減されます。誤解が多いのですが、体幹部の安定には、股関節を支える部分のトレーニングも必要です。腹筋運動やプランク※4だけではなく、体の安定に必要な動作を包括的に行うのが、本当に効く体幹トレーニングなんですよ。

――説明を聞いて俄然、やる気になりました。それに青学の選手たちみたいに記録も伸ばせそうですし。

中 〝体幹部が安定している＝いい記録が出る〟と思われがちですが、残念ながら、そこはイコールになりません。

――ガーン。

中 たとえば青学の選手でも、私たちが教えなくても、あるいは少しのアドバイスを受けるだけでも、体幹をうまく使って走れる選手はいます。おそらく練習環境、生活環境のなかで無意識に体幹を使えるようになったのでしょう。

だからといって、その選手のタイムが速いというわけではない。どんな競技でも速くなる、強くなる、うまくなるために必要なのは良質な練

ケガなく楽に走るなら、
安定した体が必要ですね

※4
プランクについてはP30欄外※3参照

習です。体幹トレーニングで誰でも記録が伸びる、とは言いきれません。

――モチベーションが下がってしまいました……。

市民ランナーも体幹トレーニングをすべきだな

中 大丈夫！ 記録が伸びた人も大勢いますよ。特に、もともと体のブレが大きかった人はエネルギーの消耗を抑えられるため、大幅な記録更新が期待できます。

――ブレはケガの原因になるだけではないんですね。

中 そうです。体幹が弱くて体のブレが大きければ、それを抑える力が必要となり余計にエネルギーを消耗します。**レース後半にスタミナ切れを起こす人は、じつは体幹の弱さが関係していることもあるんです。**

――市民ランナーも体幹トレーニングをすべきですね！

中 ただし優先すべきことは人によって変わります。

スピードを上げたりレースの後半になったりすると体がブレる原因が、体のエンジン（心肺持久力）が小さかったり筋持久力が低かったりすることにある人もいます。この場合、体幹トレーニングでは問題を解決できません。

――体幹トレーニングは万能というわけではないのかぁ。

インナーユニットの力で
体の耐震強度が高まり
楽に長く走れますよ

中　青学でも、心肺機能が低い選手は心肺持久力のトレーニングを優先しますし、すでに体幹を使えている選手は他の補強練習を優先します。

体幹トレーニングのベースにある〝インナーユニット〟はあらゆる局面で役立ちますが、トレーニングにかけられる時間は有限ですし、強みを活かすには弱点を補うことが有効。何が弱いのかを見極めることも大切ですよ。

この願い叶いますか？

4

すぐ疲れるし **姿勢が悪いのがイヤ。** 体幹が弱いのかなぁ

――「姿勢が悪い」と事あるごとに言われるのがイヤです。そのたびに正しますが、すぐ元に戻ってしまうみたいで……。体幹トレーニングでどうにかなりませんか。

中 **姿勢を正すときは、どうしていますか？**

――背すじをグッと伸ばしますね。

長時間デスクワークをするからか、
猫背がクセになってしまった気が。
整体やマッサージに通っても
どうにもなりません

中 なるほど。多くの人は、姿勢を正すときに胸を張って背すじをグッと伸ばします。おそらく子どものころから〝背すじを伸ばしなさい〟と言われたからでしょう。でも本当は、よい姿勢に〝自然になる〟ことが大事です。

――でも、背すじを伸ばそうと思わないと姿勢って悪くなりませんか？

中 それは姿勢を支える筋肉をうまく使えていないからですよ。

――え！ 筋肉？ つっかえ棒みたいに骨が支えてくれているのかと思っていました……。

中 たとえば背すじをグッと伸ばすときに、おもに働くのは背中の筋肉です。無理に背すじを伸ばせば、そのあいだはずっと背筋に力が入った緊張状態が続きます。ですから数分は維持できても、当然くたびれる。姿勢が戻るのは当然なんです。

――姿勢は体の基本だと思いますが、内側ではそんなことが起きていたんですか……。

中 筋肉は使いすぎると過労状態になり、使わないとどんどん衰えるもの。現代社会では長時間、座りっぱなしで仕事をする、車やエスカ

背すじをグッと伸ばすのは
緊張状態なのでくたびれます。
姿勢が戻るのは当然です

猫背のときって、お腹の力が抜けちゃいますよね

レーターといった便利な移動手段を使いすぎるなどで、体を動かす機会が激減しています。さらに、スマートフォンやパソコンの普及で前かがみの姿勢でいる時間も非常に長くなりました。その結果、姿勢を支える筋肉は相当な勢いで衰えたのです。体幹トレーニングは姿勢が気になる人にも有効で、じつは正しい姿勢を保つ体づくりにも役立つんですよ。

——え、そうなんですか！　体幹トレーニングってスポーツをしている人がやるものだと思っていました。

中　**いえいえ、体幹トレーニングには〝姿勢の安定〟という効果があります。体幹トレーニングの基本は、お腹の深層部にある筋肉、腹横筋※1の活用です。人間の体は、ろっ骨と骨盤のあいだを筋肉で支えています。この役割をお腹の奥のほうで担っているのが腹横筋で、ここが働くと姿勢は安定しやすくなります。**

——何となく、わかります。猫背のときって、お腹の力が抜けちゃいますよね。じゃあ背筋は関係ないのかな。

中　**背筋も、もちろん関係ありますよ。腹横筋はとても薄い膜のよう**

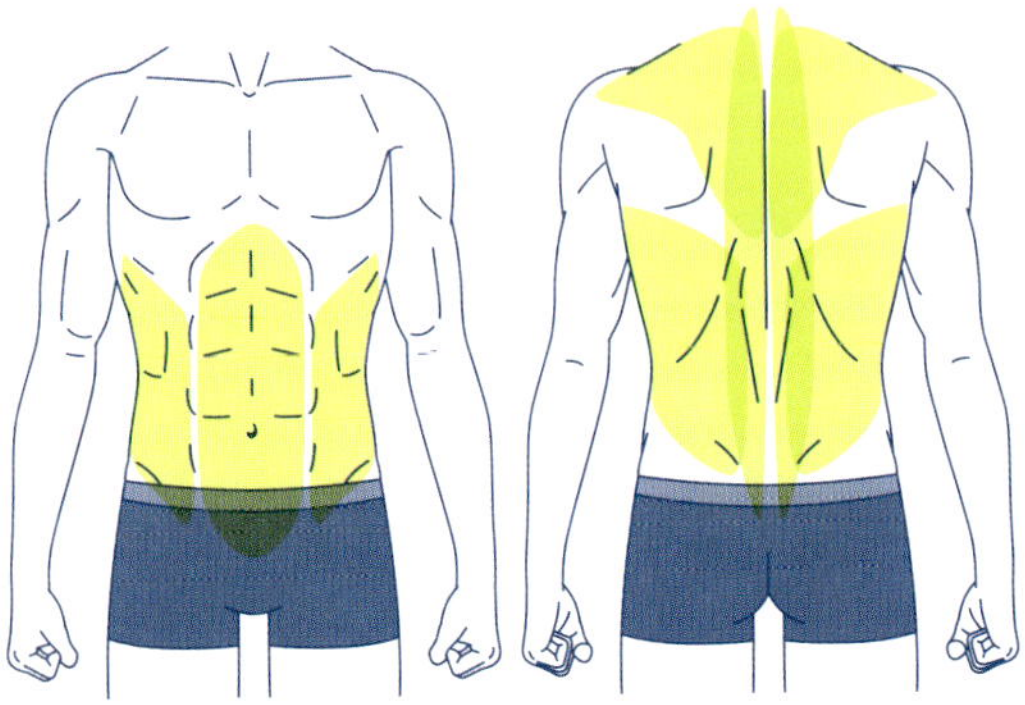

※1
腹横筋についてはP12欄外※2参照

※2
人間の体は、表側と裏側の筋肉がバランスをとりながら、直立の姿勢を維持している。表側は腹直筋、内・外腹斜筋、裏側は広背筋、僧帽筋、脊柱起立筋などが代表的

な形状の筋肉なので、腹横筋だけですべての姿勢や動作を安定させるには力不足です。腹横筋と協力して姿勢を支えるアウターマッスル（表層部の筋肉）をうまく使うことも必要[※2]になります。体の奥と表面にある筋肉を上手に使えると、姿勢がよくなったり体を思いどおりに動かしやすくなったりするんです。

——そういえば、30代になってから、すごく疲れやすくなりました。これも体幹トレーニングで解消できますか？

中 疲れやすいのは体力が不足していることが主因なので、直接的な効果はありません。

疲労回復に不可欠なのは、まず良質の睡眠。そして食事から栄養を摂ることです。心身を休めないと降り積もる雪のように疲労が溜まりますし、体に必要な栄養素が不足すると、体を回復させるためのスピードが遅くなります。

ストレッチやマッサージなどで体をケアすることも有効です。加齢とともに疲労回復のスピードは遅くなるので、いつまでも20代と同じではいられないという自覚も大事ですよ。

体の奥と表面にある筋肉を
上手に使えると、
姿勢がよくなるんです

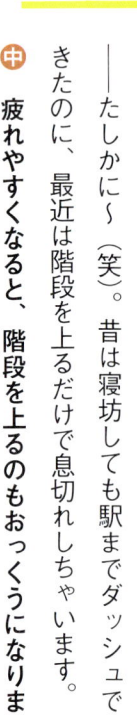

最近は階段を上るだけで息切れしちゃいます

——たしかに〜（笑）。昔は寝坊しても駅までダッシュできたのに、最近は階段を上るだけで息切れしちゃいます。

中　疲れやすくなると、階段を上るのもおっくうになりますよね。これも、体力低下に拍車をかける原因です。階段を避けてエスカレーターばかり使う、歩ける距離も車やバスで移動するようになる。こうした積み重ねが下半身を使わない生活を習慣づけます。すると筋力も体力もますます低下し、体は負のスパイラルに突入するわけです。

体力不足を感じているのなら、まずこまめに体を動かしてみてはいかがでしょう。ちょっとしたことの積み重ねで、日常生活が劇的に楽に送れるようになりますよ。

特に駅や社内、住んでいるマンション内での移動時など、つねに階段を使うようにするだけで下半身の筋力や心肺機能がアップし、疲れにくい体が手に入ります。

——それなら実践できそうな気もするので、試してみます！

中　それから、じつは座りっぱなしの生活が体幹を弱くし、姿勢を悪くしている場合もあります。日ごろから、腹横筋をメインに〝インナー

※3
「楽だから」と前かがみ姿勢（猫背）を続ける、背もたれに頼る、やわらかいソファに長時間もたれることも体幹が弱くなる一因。ひどくなると腰痛の引き金にも

ユニット〟を使うよう意識し姿勢を正す、やわらかいソファに長時間もたれない※3など、日常の動作への意識を高めることも効果的。デスク作業の合間にできる体幹トレーニングもあるので、ぜひ取り入れてください。

——イ、インナーユニット？

腹横筋を使えると姿勢がよくなり体への負担が減ります

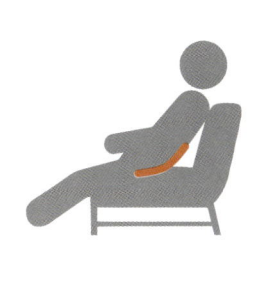

この願い叶いますか？

5

体幹トレでスポーツパフォーマンスをガツンと底上げしたい

バスケットボールをやっているけれど、
クイックネスやボディコンタクトが
物足りなくて。
筋トレはしているので、
体幹の使い方をマスターできれば

——体幹トレーニングを続けてみたんですが、効果を感じません。なんというか、パフォーマンスが上がった実感がないんです。

中　そういう声は、よく耳にします。私が最初にお伝えしたいのは、体幹トレーニングだけすれば競技力が上がるわけではないということです。

たとえば、これから体幹トレーニングだけ頑張ればサッカー日本代表に

体幹トレーニングを続けても、効果を感じません

なれると思いますか。

――な、なれない気がします……。

中 そうですよね。競技力向上に必要なのは、まずスキルです。どう体を動かすか、どんな判断をするか。これらを磨く良質な練習を積んでこそフィジカルトレーニングの成果があらわれます。体幹トレーニングだけに過剰な期待を寄せるべきではありません[※1]。

――わかりました。じゃあ、やらなくていいのかなぁ。

中 別のことに注力するという考え方もありますが、体幹がうまく使えるようになると、体が安定し、各部位の連動性が上がります。すると動き出しが鋭くなる、パワーアップする、体力の消耗を抑えられるなどが期待できる。適切な体幹トレーニングは、どんな競技にも有効です。ところで、

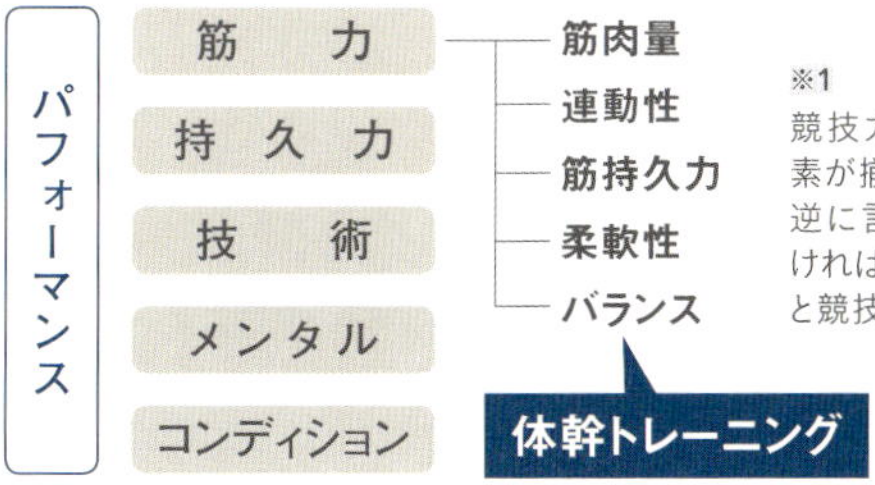

※1
競技力はさまざまな要素が揃ってこそ上がる。逆に言うとどれかが弱ければ、そこを強化すると競技力は上がる

競技によって取り組むべき
体幹トレーニングも変わりますね

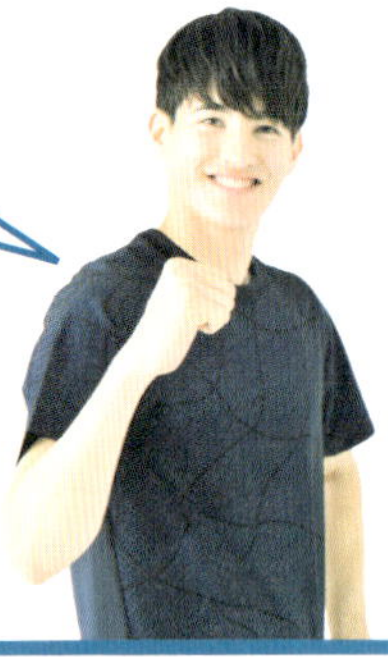

これまでどんな体幹トレーニングに取り組んでいましたか。

——とりあえずプランク[※3]をやっています。腹横筋[※2]を鍛えると体幹が安定すると聞いたので。

中　なるほど。プランクを取り入れている方も非常に多いのですが、じつはプランクで使うのは腹直筋がメイン。腹横筋への刺激は少ないんですよ。

——ええ！

中　みなさん腹横筋への期待値がとても高いのですが、残念ながら人間の体はそこだけ鍛えても安定しません。サッカーやバスケットボールの選手がコルセットを巻いて体幹を安定させれば、かならずパフォーマンスが上がるかというと疑問です。

体は下肢から上肢まで全部がつながっているので、一つの筋肉だけ鍛えても安定はしません。必要なのは腹部をガチガチに固める力より、競技に必要な動作をしてもスタビライズさせ続けられる力です。

——スタビライズ……、安定ですか。

中　競技中のあらゆる動きのなかで、バランスをくずさず速く力強く

※2
腹横筋については
P12欄外※2参照

※3
両ひじと両足先で体を支える、腹筋まわりの筋トレの代表的な種目の一つ

動くにはインナーマッスルや腱、アウターマッスル、そして反射神経も重要です。本当はこれらのトレーニングすべてが〝体幹トレーニング〟なんですよ。

――そうなると、競技によって取り組むべきことも変わりますね。必要とされる動きが違うわけだし……。

中 **そのとおり。テニスでは、体幹を大きくひねり全身を連動させてボールにパワーを伝える動きが必要です。サッカーでは、ぶつかられても簡単には倒れない強い体幹が、マラソンなら長距離を走り続けてもブレない体幹が求められます。これだけ用途が違うのですから、トレーニングのメニューも異なって当然です。**

それと、パワーポジションとの関係も重要です。

――パワーポジション？

中 **簡単に言うと〝最も力を発揮できる体勢〟です。まずは実践してみましょう。イスから立ち上がるとき、足を揃えたときと左右に開いたときとではどちらが楽ですか？**

――開ければ難なく立ち上がれますが……。あれっ、足を揃えるとグラ

つきやすいですね。へえ〜、まったく意識したことがなかった！

中　このように、立つ、座る、歩く、走る、あるいはボールを打つ、投げる、取るなどあらゆる動作にパワーポジションがあります。

ジャンプするときも、踏み込んだときの足幅や上体の位置、ひざの曲げ具合など、それぞれにベストなポジションがある※4のです。ジャンプ力を高めたいときに、明らかに筋力不足なら筋力トレーニングが必要ですが、パワーポジションがとれていないのが原因なら、筋力アップは効果的ではありません。

パワーポジションがとれていても、息が上がって苦しい、脚が動かないなど、体力を消耗するにつれ無意識下でくずれがちです。その場合は心肺機能の向上が先ですし、コンタクトプレーなどでくずれやすいなら、神経系のトレーニングや当たり負けしない体づくりが優先されます。

――すべての競技に共通する、魔法の体幹トレーニングはないんですね。

中　基礎体力や筋力、神経系を磨くトレーニングや、パワーポジションの習得に明らかな難がない人におすすめなのが、体幹トレーニングです。競技力を向上させるなら、第一に現在の練習の内容や量を見直すこと。

※4
力を発揮しやすい姿勢「パワーポジション」

・腰を伸ばし顔を前に
・股関節を適度に曲げる
・足幅は安定する広さ

ジャンプするときも、ベストなポジションがあります

体幹が弱点という人ほどパフォーマンスは大きく上がります

そのうえで腹横筋を中心とした〝インナーユニット〟を使いこなし、競技に合った体幹トレーニングをするといいでしょう。

スポーツでのパフォーマンスは、スキル、心肺機能、パワー、姿勢、安定性、メンタルなどのバランスで決まります。どれかが突出していても、足りない力が足を引っ張れば総合力は下がるもの。いまの自分に必要なものを見極めて、さらに上のレベルをめざしましょう！

力の発揮が難しい姿勢

・股関節は伸びている
・足幅が狭く不安定

はじめに

INTRODUCTION

トップアスリートが成果を挙げたことで、体幹トレーニングは爆発的に広く一般に知られるようになりました。いまではアスリートや余暇にスポーツを楽しむ方だけでなく、腰痛や肩こりなどの不調を解消したい方、ダイエットしたい方まで、効果に期待し取り組んでいます。

しかし「やったけれど成果がなかった」という声が増えているのも事実です。その原因は、体幹トレーニングが多くの誤解とともに広まったからではないかと思っています。

なかでも問題なのは、体幹トレーニングのベースとなる重要なスキルである〝インナーユニット〟の使い方についてです。〝インナーユニット〟の使い方は非常に感覚的なので説明が難しく、大半の人は習得に時間がかかるうえ、動きもかなり地味。そのため雑誌や書籍など文字数に制限のある媒体では専門家も、あえて触れなかったり見栄えのする種目を紹介したりしてきました。私もその一人ですが、結果、理想とはほど遠い形で体幹トレーニングが独り歩きしてしまったようです。

そうした情報をもとに体幹トレーニングを始めた人の多くは、むやみに「プランク」や「ダイアゴナル」を続けます。しかし、お腹を凹ませたい人、長距離ランナー、サッカー選手、どれも必要とされる能力が異なるのに、まったく同じトレーニングで成果が出たら、逆におかしいですよね。競技やフィジカルのレベルによって、取り組むべきことの優先順位もトレーニング内容も異なるはずです。

我々は、２０１４年度から青山学院大学陸上競技部（長距離ブロック）のフィジカルトレーニングを担当しています。選手たちは、体幹トレーニングに取り組むことで「体のブレがなくなり安定してきた」「スピードが上がってきた」などの成果を実感していますが、それもあくまで彼らに適した体幹トレーニングを積み重ねた結果です。成果の出る人は、いまの自分となりたい自分とのギャップを埋めるために、最適なトレーニングを模索します。成果の出ない人ほど目についた種目を考えなしに続ける傾向が強いようです。残念ながら「プ

はじめに

INTRODUCTION

ランク」や「ダイアゴナル」だけに多くの悩みを解決する力はないのです。

そこでこの本では、これまでなおざりにされてきた体幹トレーニングのベーススキル〝インナーユニット〟の使い方について真正面から取り組みます。

じつは現代人の多くが、このスキルが身についていないことでケガや痛みに悩まされたり、パフォーマンスが上がらなかったり、そもそも体幹トレーニングの効果を得られていなかったりするからです。

これからくわしくお話ししていきますが、私にとっての体幹トレーニングは「右利きの人が左手でも上手に字を書けるようになる練習」に近いものです。ところが世の中に広まっている体幹トレーニングは、「左手で字を書けるように握力をつけよう」というような、明らかに間違ったアプローチが主流です。「やったけれど成果がなかった」という声が上がるのは、この点が大きいのではないでしょうか。

何のために行うのか、どこに、なぜ効くのかといったメカニズムを理解し、まず基礎を習得することが効率的に体を変える第一歩です。そこさえクリアすれば、まるで目の前の霧が晴れたかのように、体幹トレーニングを理解できると思います。しくみを理解しコツをつかんで取り組むことこそが、世界一効く体幹トレーニングだと私は確信しています。

過去にチャレンジして手ごたえを感じられなかった人も「私には難しそう」と躊躇していた人も、そしていま以上に体幹トレーニングの効果を高めたい人も、この本を読んで今一度「よし、やってみよう！」と思っていただけたら、フィジカルトレーナーとして心からうれしく思います。

中野ジェームズ修一

contents

世界一効く体幹トレーニング　目次

CHAPTER2
世界一効く体幹トレーニング 超基礎編

体幹に秘められた力を使いこなすために

体幹トレーニング【超基礎編】PART1

contents

世界一効く体幹トレーニング 目次

CHAPTER3

世界一効く体幹トレーニング

STAFF

装丁 井上新八

カバー写真 iStock.com/Jasmina007

本文デザイン 野口佳大

イラスト 内山弘隆

編集・執筆協力 長島恭子（Lush!）

校正 株式会社ぷれす

本文撮影 臼田洋一郎

モデル 岡部紗季子（ベンヌ）
夏秋カミル（BARK in STYLe）

ヘアメイク TOM

協力 関守、吉澤和宏
高野瞳、宮脇輝雄

衣装協力 アディダス ジャパン
アディダスグループ
お客様窓口
（0120-810-654）

編集 小元慎吾
（サンマーク出版）

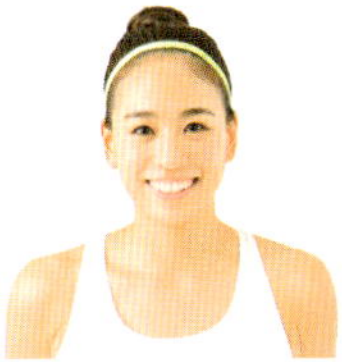

岡部 紗季子（おかべ・さきこ）
1988年5月16日、東京都生まれ。朝日生命体操クラブ出身。4歳で体操を始め、02年ナショナルチームメンバーに初選抜。2大会連続ユニバーシアード代表に選出される。現在、子どもたちへの体操指導を軸に、『KUNOICHI』（TBS系）等、テレビ、CM、舞台で活躍。また、自身のインスタグラムでは街や自然をバックに、逆立ちやバック転など、アクロバティックな技を披露し、人気を博す。

QRコードでの動画視聴サービスについて

説明を確認

動画閲覧にかかる通信費につきましては、お客様ご負担となります。
スマートフォンデータ定額プランの加入など、お客様の通信費に関するご契約内容をご確認のうえ、ご利用されることを推奨いたします。
スマートフォンやタブレットの機種によっては、閲覧できない場合がありますのでご了承ください。

スマートフォン・タブレットにおける推奨環境
Safari Mobile (iOS)…9以上／Chrome Mobile (iOS)…9以上／Embedded Web Views (iOS)…9以上／Chrome Mobile (Android)…最新／IE Windows 8 Tablet…11

※このサービスは、予告なく終了する場合があります

本書の重要キーワード

インナーユニットとアウターユニット

インナーユニット

胴体の深部にある筋群の総称で、
横隔膜、腹横筋と多裂筋、
骨盤底筋群で構成されている。
膜のような形状の筋肉で、
臓器の詰まった腹腔を引き締め
安定させる働きがある。
「コア」「体幹」などと呼ばれることも

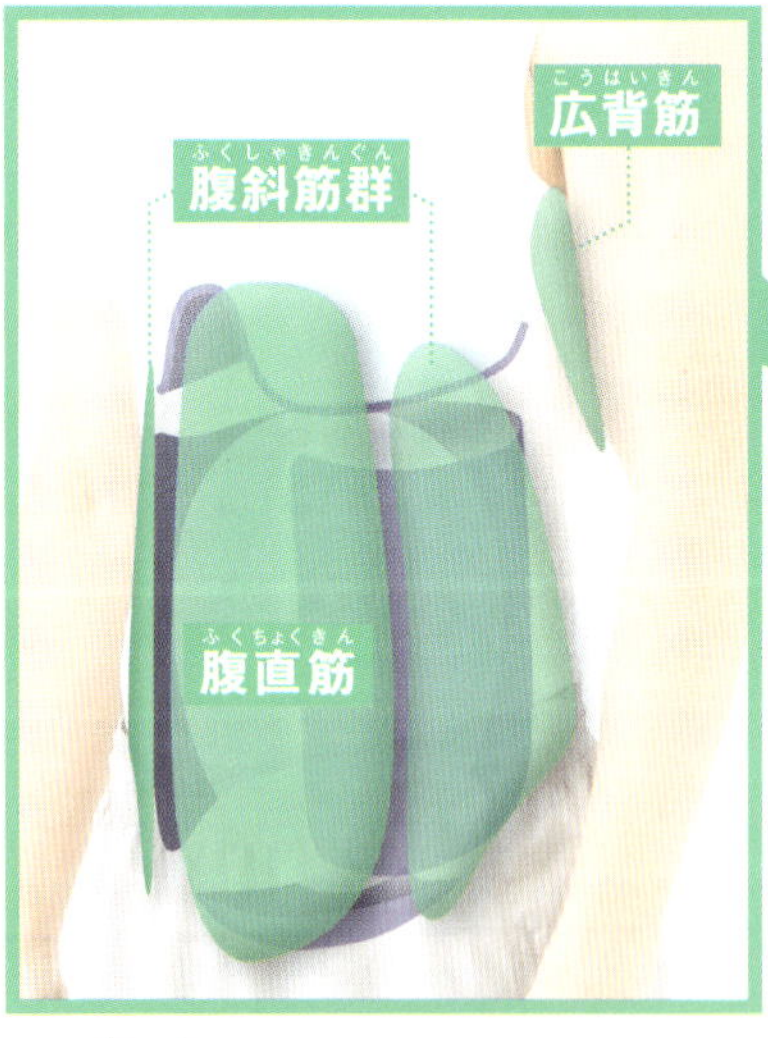
広背筋《こうはいきん》
腹斜筋群《ふくしゃきんぐん》
腹直筋《ふくちょくきん》

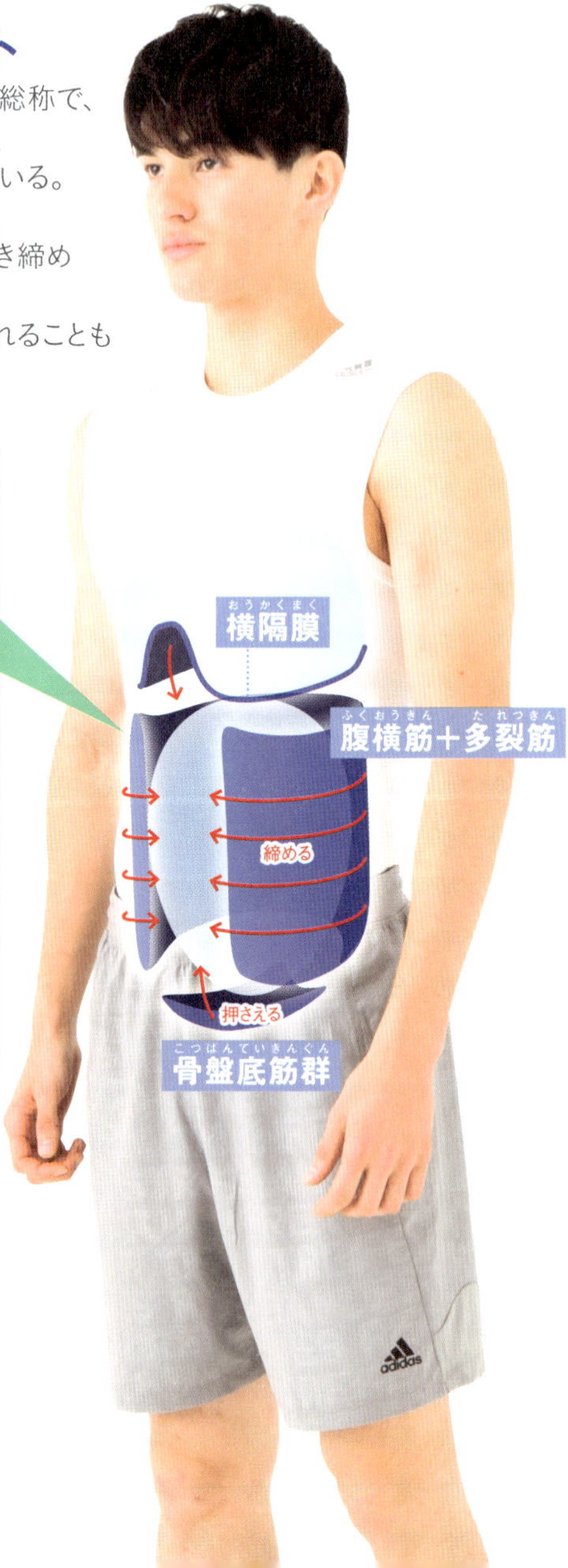
横隔膜《おうかくまく》
腹横筋《ふくおうきん》＋多裂筋《たれつきん》
締める
押さえる
骨盤底筋群《こつばんていきんぐん》

アウターユニット

胴体の表層にある筋肉の総称で、
腹直筋、腹斜筋群、広背筋で
構成されている。
一般的な筋トレで鍛える
「アウターマッスル」の一部で、
胴体をギュッと曲げたりひねったり、
強く固めたりする働きがある

CHAPTER 1

体幹に秘められた力を引き出す「インナーユニット」を使いこなすために

体幹に秘められたパワーを呼び覚ます「インナーユニット」とは

Offering You The Core Training Basic

体幹トレーニングがうまくいくと、姿勢がよくなる、体の動きがすばやく強くなる、腰痛が予防・軽減されるなど、さまざまなメリットが得られます。それらをもたらすベースが「インナーユニット」です。

インナーユニットは胴体の深部にある筋肉で、解剖学的には「腹腔を覆う膜状の筋群」。ですが、ちょっとわかりにくいので**「お腹を引き締めるかご」のようなものが入っている**、とイメージしましょう。**体幹トレーニングをして、ここがキュッと引き締まると体が芯から支えられるため、姿勢は安定します。逆にゆるんでいると姿勢はくずれ、動くたびに体がブレがちに。**すると体のどこかに負担が蓄積して痛みや不調を呼び、すばやく動くことも力強く動くことも難しくなるのです。

このように重要な役割を持つインナーユニットですが、体幹トレーニングをしても、使うどころか意識すらできない人も大勢います。その理由は、まず脚や腕などと違い、動きを見たり触れたりできないため実感が湧かないことが大きいでしょう。しかもインナーユニットは太くならない筋肉なので、成果も実感しにくい。だから「やってもよくわからな

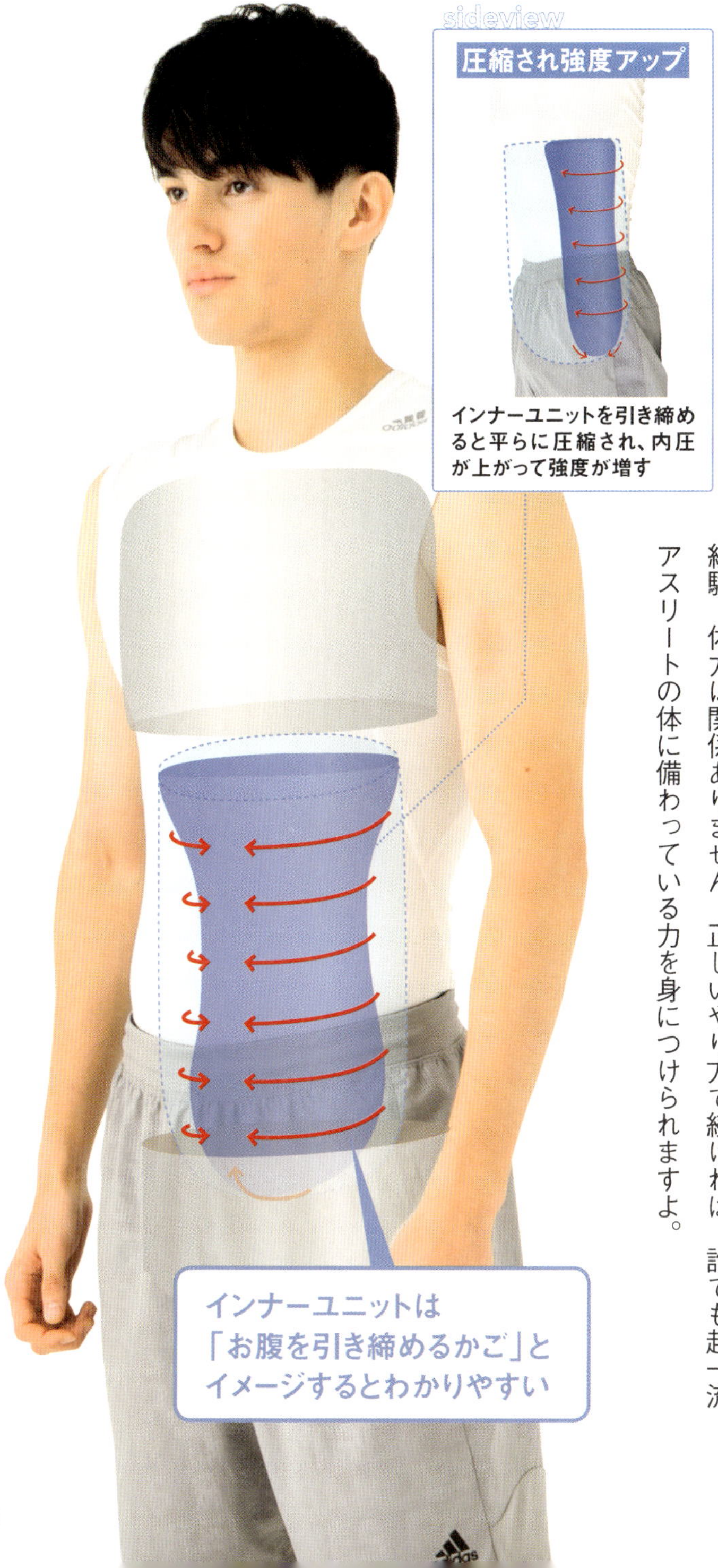
sideview
圧縮され強度アップ
インナーユニットを引き締めると平らに圧縮され、内圧が上がって強度が増す
インナーユニットは「お腹を引き締めるかご」とイメージするとわかりやすい

い」「効果がない」などと言われがちなのです。

こう申し上げると「難しそう」とガッカリされる人も多いかもしれませんが、ご安心ください。インナーユニットを使うのに運動神経や運動経験、体力は関係ありません。正しいやり方で続ければ、誰でも超一流アスリートの体に備わっている力を身につけられますよ。

「使えない」で体はこんなに変わる!

Offering You The Core Training Basic

インナーユニットが
使えていない
ゆるんでいて
内圧が低いため、
背骨も骨盤もグラつきがち

おもに背骨で体を支えているため、姿勢維持が難しくグラつきやすい。そのため骨や筋肉に負担がかかり、体のどこかが力まないと姿勢を維持できない。どこかが力んでいると体をスムーズに動かせないので、すばやくパワフルに動くことも難しい。痛みや不調を抱えがちに

インナーユニットが「使える」

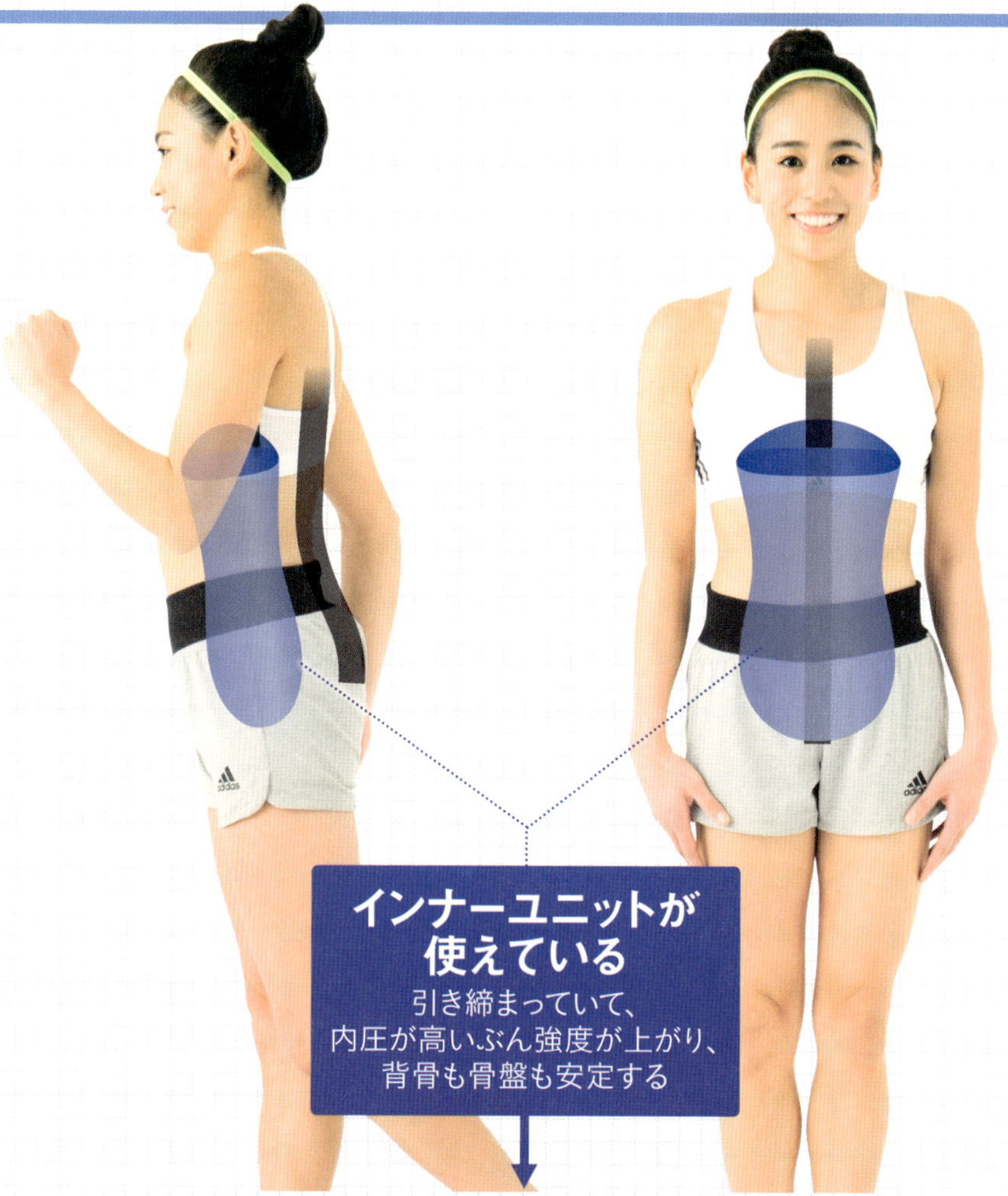
インナーユニットが
使えている
引き締まっていて、
内圧が高いぶん強度が上がり、
背骨も骨盤も安定する

胴体には背骨が連なってできた脊柱《せきちゅう》以外に支柱はなく、その構造をインナーユニットが補強してくれる。胴体をガチガチに固めると動きにくくなるが、インナーユニットはしなる素材でできているイメージなので、動作を妨げない。むしろ、しなることで体の動きをすばやくパワフルにすることも可能

じつは9割の人がインナーユニットを使えていなかった

Offering You The Core Training Basic

私は「現代人の9割はインナーユニットを使えていないのでは？」と思っています。その最大の要因は、世の中が便利になるにつれインナーユニットの働く機会が激減したからです。たとえば重い荷物を持って長時間歩く、階段を使う、電化製品に頼らずに家事をする。子どもなら戸外を駆け回り、遊具や木によじ登る。昔はこうした多種多様な動作を日常的に繰り返していたため、インナーユニットは意識されることなく頻繁《ひんぱん》に使われていました。

ところが、今は健康な人もエスカレーターやエレベーターを当たり前のように使い、スマートフォンの操作一つで日用品や衣類だけでなく熱々の食事まで届くほど便利になりました。子どもが戸外で遊ぶ機会も減るばかり。こうして**現代人は、インナーユニットの使い方を忘れて**

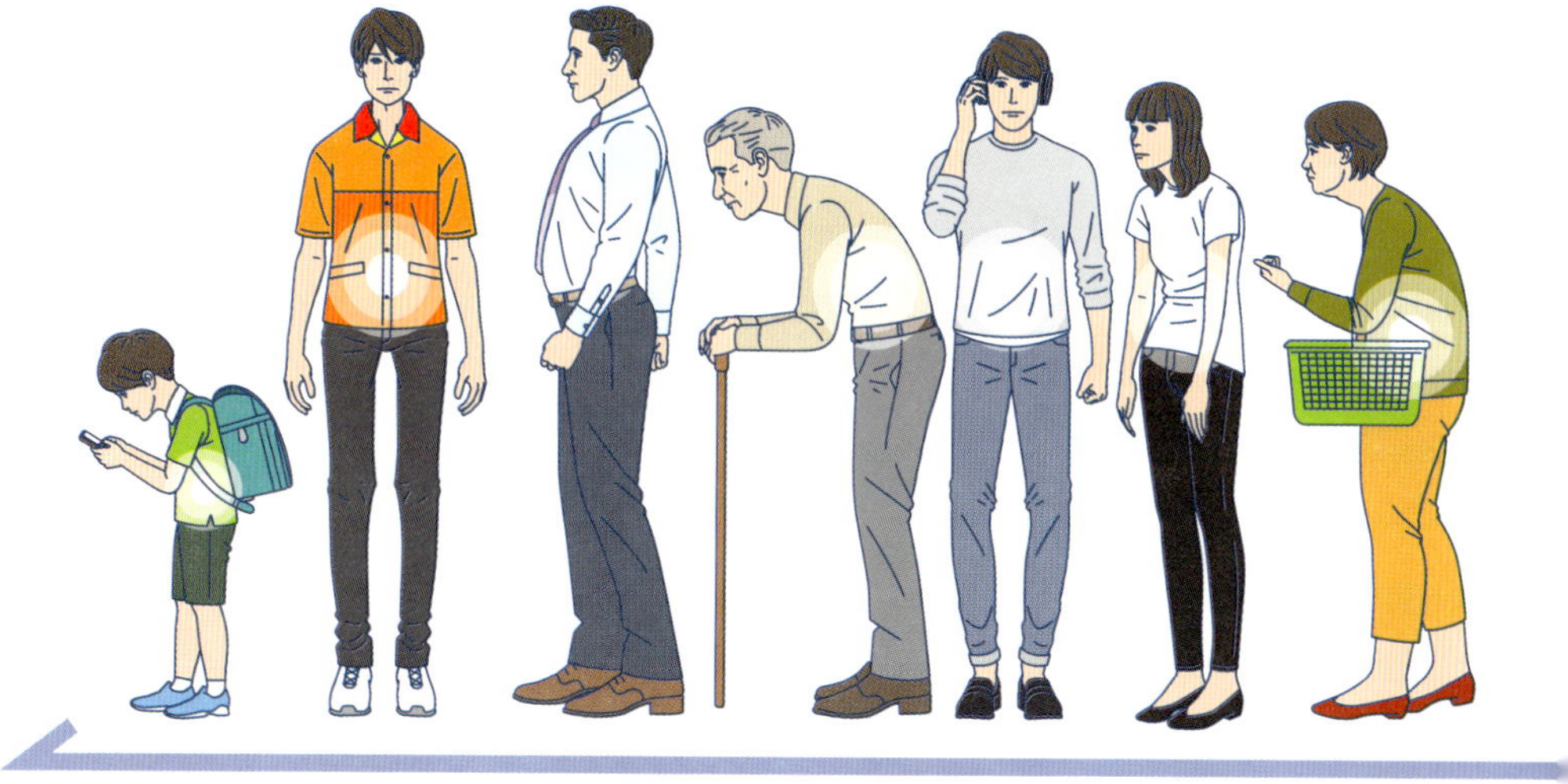

しまったのです。もちろん「便利さを手放そう！」と言いたいわけではありません。ただ**「体の機能は使わなくなるほど失われる」という認識は必要**でしょう。

　インナーユニットが使えていない人には、次のような特徴があります。すぐに何かに寄りかかる、デスクではひじをつくなど体をまっすぐにしていられなければ要注意。つねに腰が丸まる、立ち上がるときにかならず手をつく、片脚立ちで靴をはけない人も使えていないはずです。

　ではインナーユニットを使えているのは、どんな人でしょうか。歩いたり走ったりしても頭の位置が安定し、前後左右への体のブレが少ない人は、使えている可能性大です。同じ動きを繰り返す競技、たとえばマラソン選手の走る姿を見ていると、わかりやすいと思います。

インナーユニットを「鍛えよう!」とするとうまくいかない

Offering You The Core Training Basic

ここまでお話しすると「インナーユニットを〝鍛える〟のが正解か!」と思われる方が多いのですが、じつはこれが落とし穴です。**「体幹の安定=腹筋を鍛える」と思って腹筋運動をいくら頑張っても成果は得られません。**お腹まわりに筋肉という鎧を〝つけて〟安定させるという意識は、いったん捨てましょう。

これまでも述べてきたように、**体幹を使いこなす秘訣は、すでにあるインナーユニットという筋肉の〝使い方をマスターする〟こと。使えていなかった筋肉に神経を通わせてスイッチを入れる「スキルのトレーニング」**なのです。

スキル習得に必要なのは、コツをつかむまで何度も繰り返すことです。右利きの人が左手で文字を書くときに、いくら握力を強化しても文字は一向にうまく書けません。必要なのは筋力ではなく、ペンの持ち方や力の入れ具合などといった感覚的な要素です。サッカーやバスケットボール、野球などでも、毎日ボールに触り続けることでボールを扱う感覚が磨かれますが、それと同じ。**使い方のコツをつかめば、腹部を覆う膜状の筋肉、腹横筋がコルセットのようにお腹をグッと引き締め、体幹の基盤がしっ**

かりと安定します。

「そうは言っても腹筋が割れている人のほうが有利では」と思うかもしれませんが、ご心配なく。むしろインナーユニットの外側についた筋肉ばかり使って動くクセがついている方ほど、インナーユニットが使えるようになるまでに苦労するケースが多々あるのです。

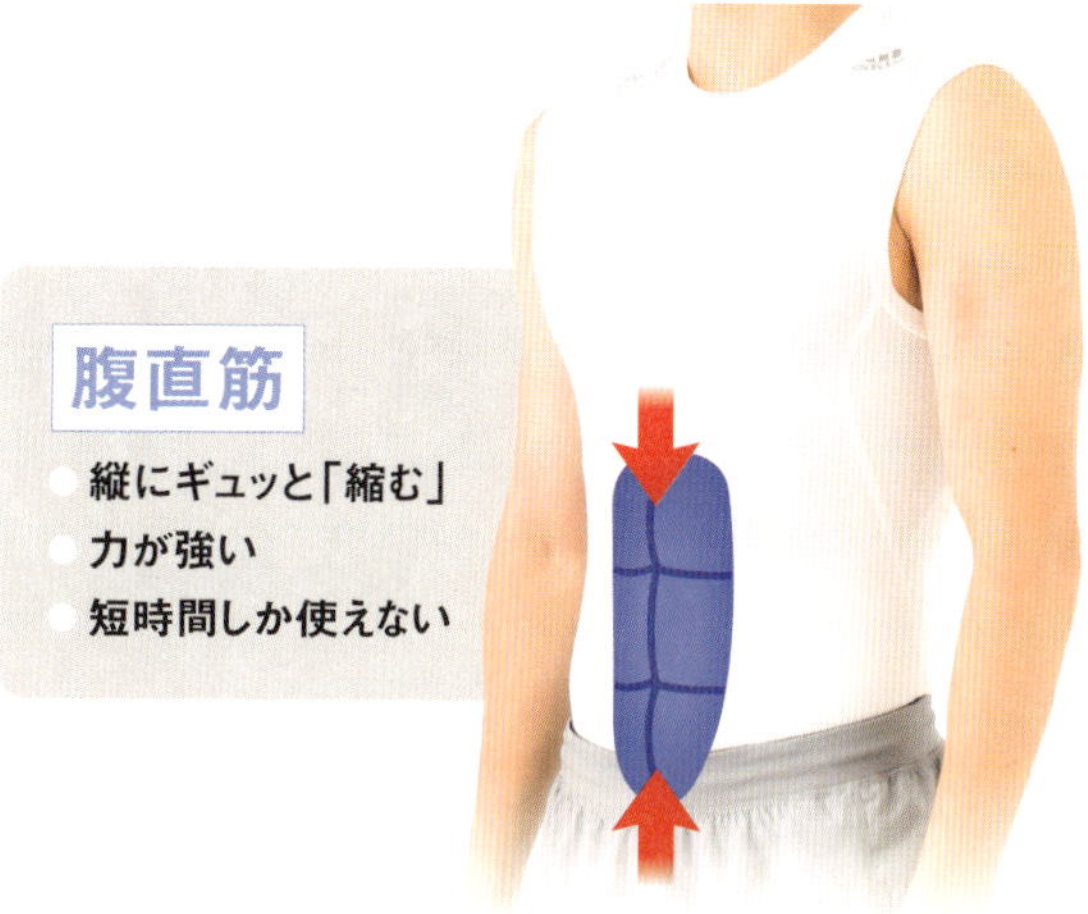
腹直筋
縦にギュッと「縮む」
力が強い
短時間しか使えない

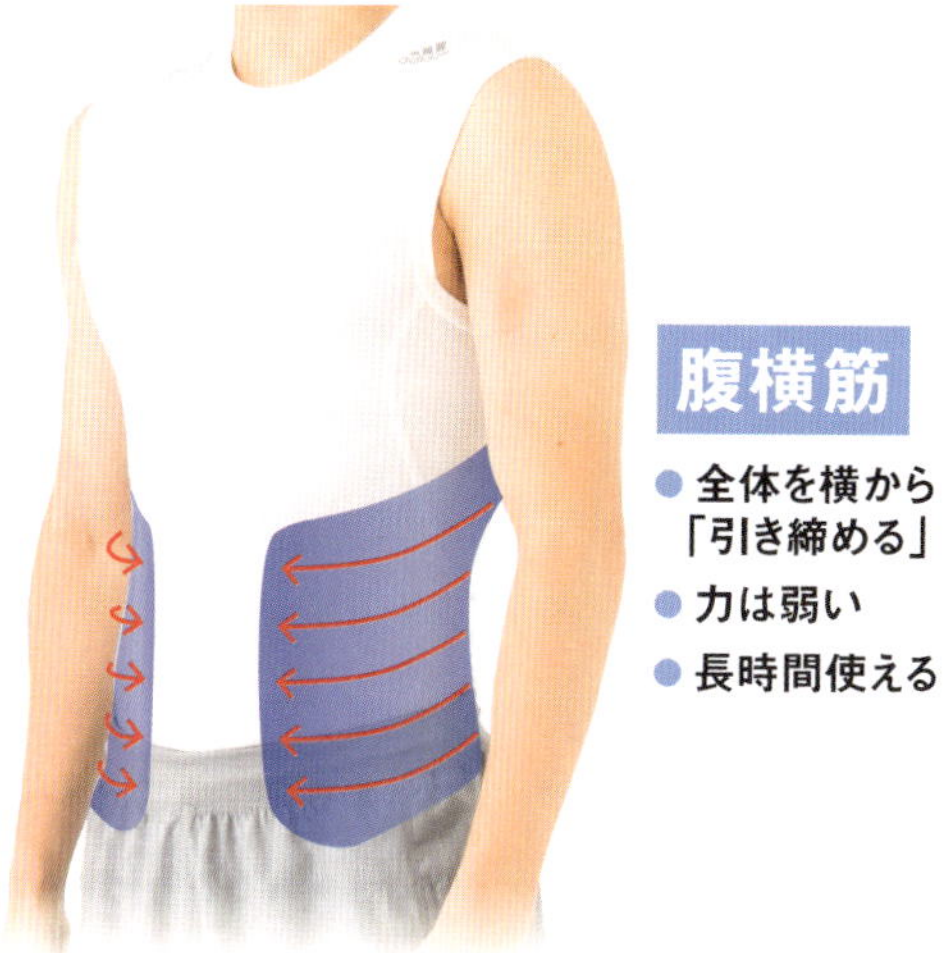
腹横筋
全体を横から「引き締める」
力は弱い
長時間使える

インナーユニット（腹横筋）とアウターユニット（腹直筋）は役割が違う

インナーユニットの大部分を占める腹横筋は、ろっ骨と骨盤のあいだをぐるりと覆い、お腹を横から引き締める働きがある。腹直筋は、お腹の前面を部分的に覆う筋肉でろっ骨と骨盤を近づける働きをする。前者は、力は強くないが長時間働けるマラソン型で、後者は力が強いが短時間しか働けないスプリント型。タイプがまったく違うため、活躍の場も異なる

思いどおりにならない インナーユニットも 「呼吸」を使えば 動きだす

Offering You The Core Training Basic

少々マニアックなインナーユニットの話を続けましたが「結局、何をすればいいの？」と思われた方も多いのではないでしょうか。

お待たせしました。ここから実践に入ります。私が指導した際に、**体幹トレーニングが「難しい」「全然できない」などとおっしゃった方は、まず呼吸に難がありました。**意識的に、息を大きく吸って吐くことができないのです。原因はインナーユニット側面にある腹横筋が衰えて、隣接する横隔膜の動きが悪くなったから。しなやかに上下することで呼吸を深くする横隔膜の動きが小さくなれば、必然的に呼吸も浅くなる、というわけです。

眠っている腹横筋を目覚めさせるのも、やはり呼吸です。腹横筋には、お腹を凹ませて大きく息を吐く動作とともに収縮する性質があります。まず**意識的に息を吐くことで腹横筋の「お腹を横から引き締める」動きをうながす呼吸法をマスター**しましょう。この動きを「ドローイン」と呼びますが、体幹トレーニングにおける最初のつまずきポイントはドローインがうまくできないことにあります。

インナーユニットが覚醒する呼吸法

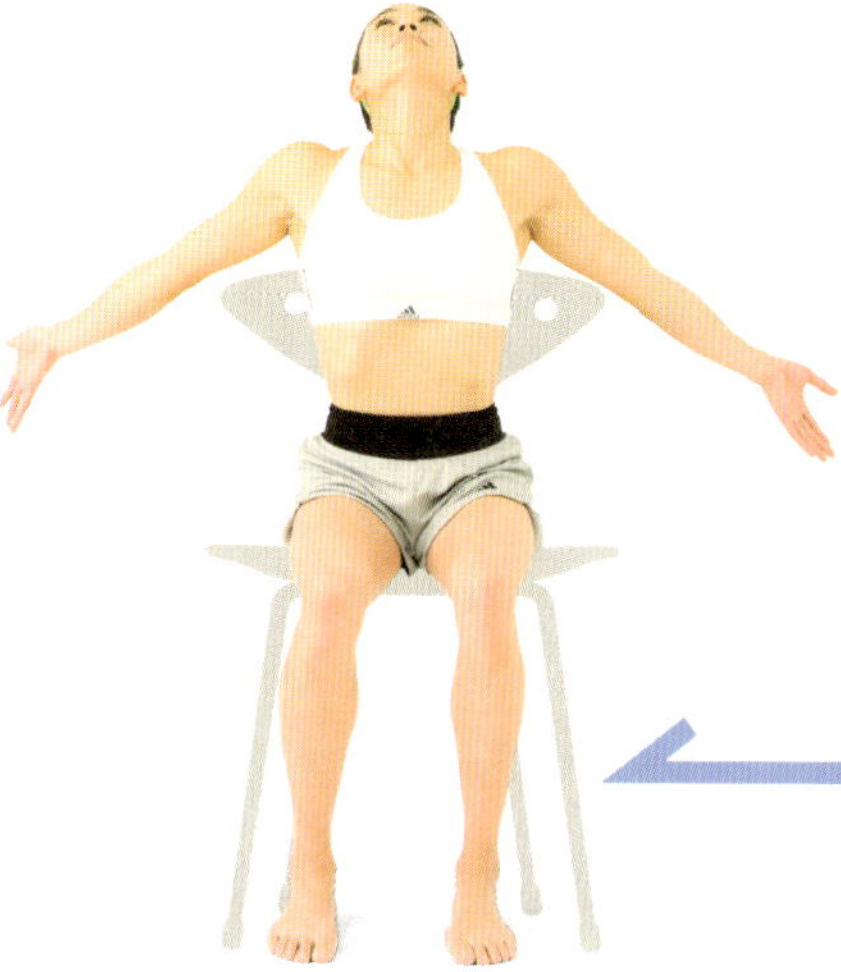

STEP 1

腹横筋と横隔膜がほぐれる呼吸法

（腹・胸を使って深い呼吸をする）

STEP 2

こわばった脊柱もゆるめる呼吸法

（深い呼吸をしながら脊柱を動かす）

STEP 3

腹横筋を締め横隔膜を動かす呼吸法

（お腹を凹ませ胸だけで呼吸する）

STEP 4

インナーユニット呼吸法

（胸だけで呼吸をしながら骨盤底筋群も使う）

運動習慣があっても深い呼吸ができない人は多いので、まずは４段階の呼吸法をお試しください。ドローインができない・わからない、という人は最初のＳＴＥＰを繰り返しましょう。しだいに腹横筋を締めてお腹を凹ませられるようになり、ほかの部位もつられて動き始めます。

ＳＴＥＰ１〜４ができた方は次へ進みましょう。うまくいかなかった方は、つまずいたＳＴＥＰ以降をＣＨＡＰＴＥＲ２の内容と並行して習慣化すると、この最初の関門をクリアできます。

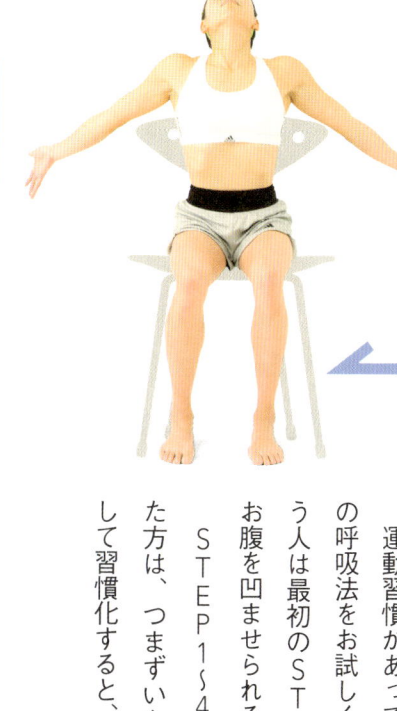

インナーユニットが覚醒する呼吸法 STEP 1

動画でコツを確認

インナーユニットの側面をぐるりと囲む腹横筋は、いちばん呼吸と連動しやすい部位です。大きく吸って吐ききる深い呼吸を繰り返すうちに、呼吸の動作につられて腹横筋も動き始めます。この深い呼吸をすると横隔膜もよく動くようになってくるので、一石二鳥の呼吸法と言っていいでしょう。

腹横筋《ふくおうきん》と横隔膜《おうかくまく》がほぐれる呼吸法

(腹・胸を使って深い呼吸をする)

Offering You The Core Training Basic

鼻から息をたっぷり吸い、胸とお腹をふくらませます。
最初はなかなかふくらまないと思いますが、
ゆったりと続けるうちにかならずできるようになりますよ。
息を吐くときは口から、これ以上吐く息がないと思えるくらい、
お腹を凹ませながら吐ききるのがコツです。

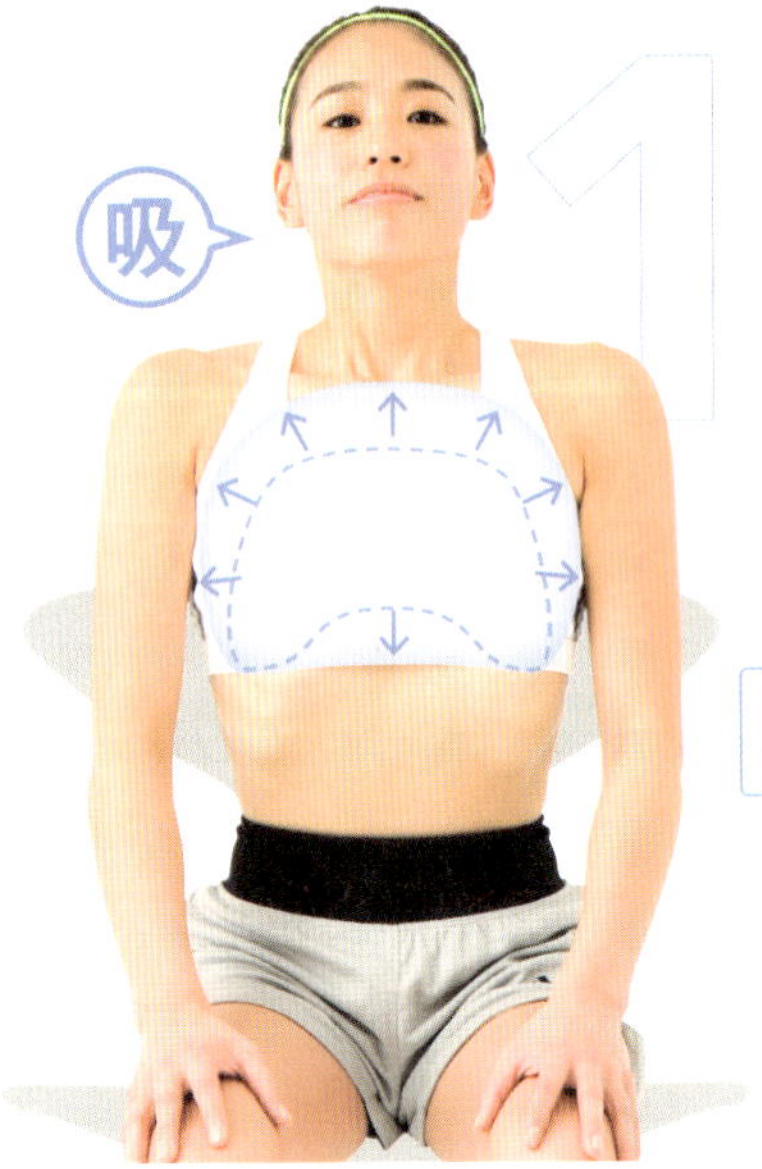

胸と腹をふくらませながら、
5秒かけて鼻から息を吸う

イスに浅く腰かけて背すじを伸ばす。肩の力を抜く

インナーユニットは
こうなっている！
（正面）
1
吸
横隔膜は
下がる
横隔膜
腹横筋
＋
多裂筋
ゆるんでいるため
内圧は低い
2
吐
横隔膜は
上がる
横隔膜
腹横筋
＋
多裂筋
締まって平らになるぶん
内圧が高くなる

吐
2

腹を凹ませながら、5秒
かけて口から息を吐く

インナーユニットが覚醒する呼吸法 STEP 2

脊柱の動きを加えた理由は、インナーユニットが働きやすい姿勢を維持できるようになるため。背すじが丸まっていたり反り腰になっていたりすると、インナーユニットがいびつな形になり、うまく働き続けるのが難しくなってしまいます。それを防ぐためによく動かし、人体にとって自然な脊柱のカーブを維持しやすくすることが必要なのです。

こわばった脊柱《せきちゅう》もゆるめる呼吸法
（深い呼吸をしながら脊柱を動かす）

Offering You The Core Training Basic

呼吸に合わせて両腕を大きく使うことで、
動きの悪くなった脊柱が動きを取り戻すきっかけをつくります。
繰り返すうちにサビが落ちたかのように脊柱がゆるんでくるはずです。
息を吸うときはしっかり腰を反らせ（過前弯）て胸をグーッと広げながら大きく吸い、
吐くときは背すじを丸めて息を吐ききるようにしましょう。

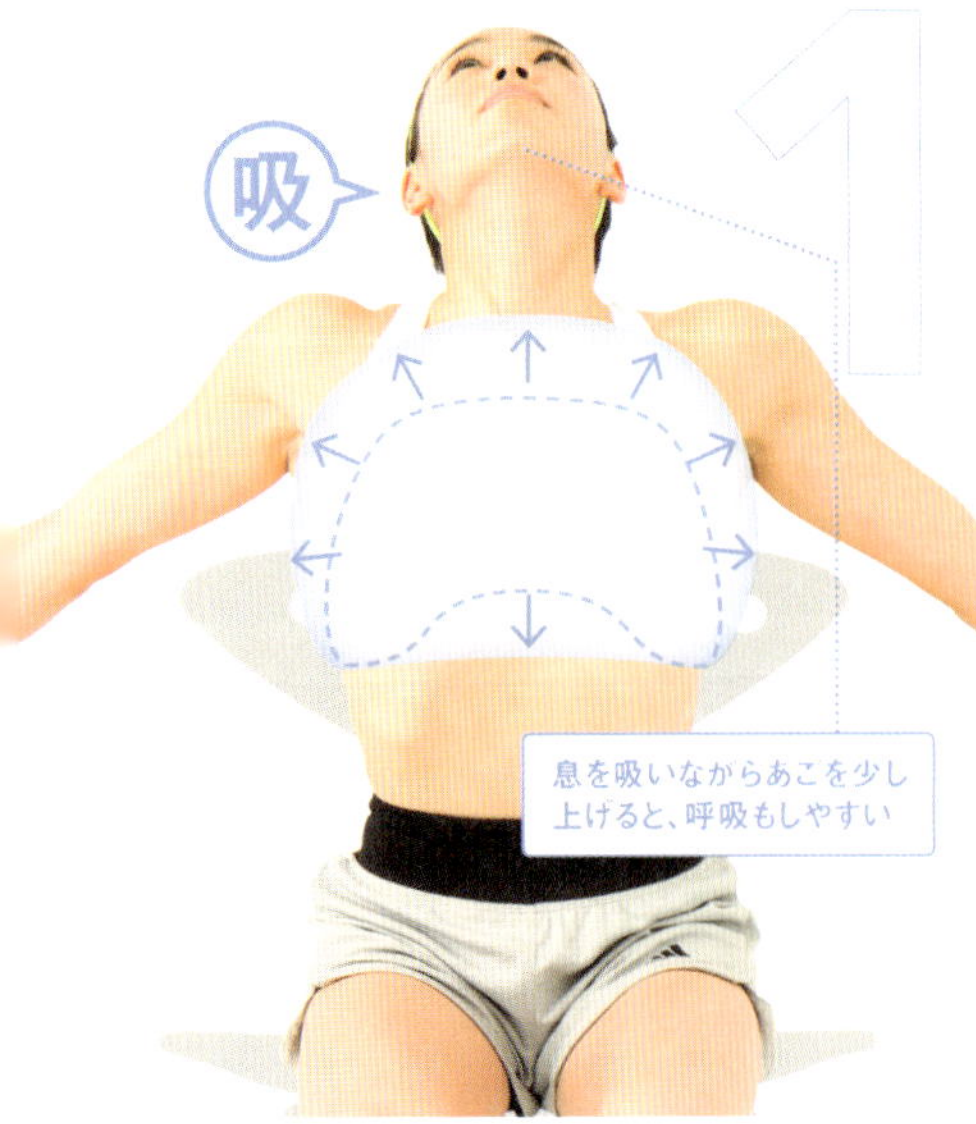
吸
1
息を吸いながらあこを少し
上げると、呼吸もしやすい

両腕を広げながら胸と腹をふくらませつつ、鼻から息を吸う。腰を大きく反らせながら行おう

standby
背すじを丸めす
骨盤を立てて座る

イスに浅く腰かけて背すじを伸ばす。肩の力を抜く

インナーユニットはこうなっている!（横）

1
吸
横隔膜は下がる
横隔膜
ゆるんでいるため内圧は低い
脊柱（背骨）
2
吐
横隔膜が盛り上がる
横隔膜
脊柱（背骨）
圧縮するぶん、内圧が高くなる

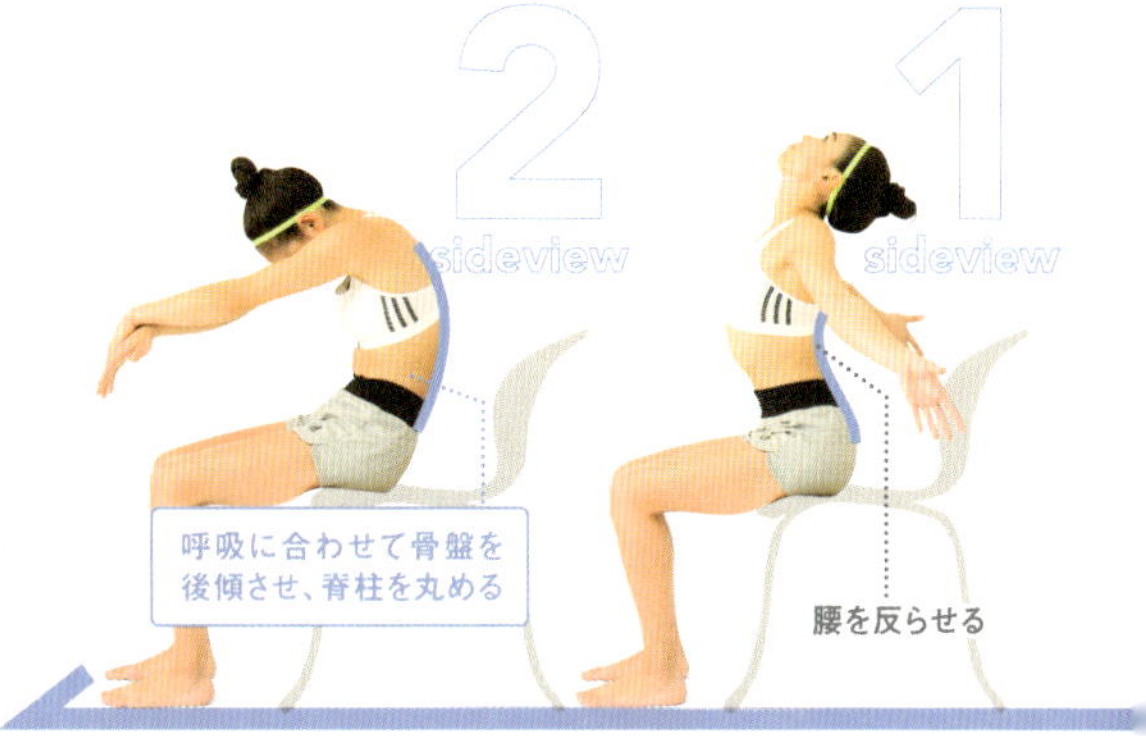
2
sideview
1
sideview
呼吸に合わせて骨盤を後傾させ、脊柱を丸める
腰を反らせる

2
吐

口から息を吐きながら、両腕を前に伸ばす。同時に腰から背中を丸めていく

どうしても深い呼吸ができない人のための

胸《きょう》郭《かく》を広げる動的ストレッチ

STEP1、2で「うまく息が吸えない」「背骨が動かない」と思った方は、
肩甲骨と胸椎の動きが悪く、胸郭を広げにくいのかもしれません。
まずは胸郭を広げる動的ストレッチでほぐしましょう。
胸椎を動かし胸郭を広げることで、横隔膜の動きをうながします。
STEP3、4の前に行うのも効果的です。
LEVELが上がるにつれ、動きも大きくなります。

LEVEL1 横向きでストレッチ

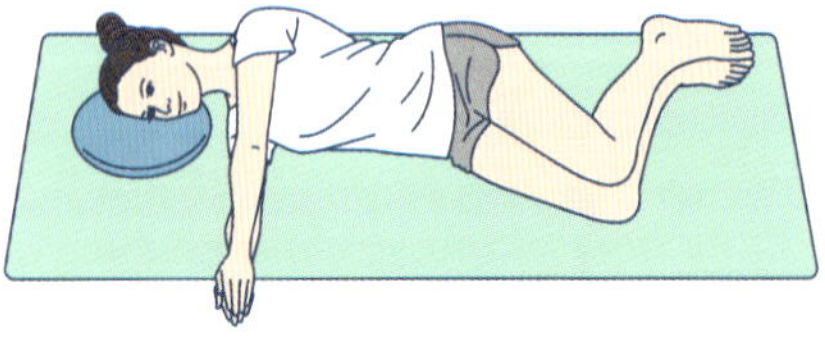

1 体の一方を下にして横になり、脚を揃えてひざを曲げる。両腕を肩の高さで正面に伸ばし、手のひらを合わせる

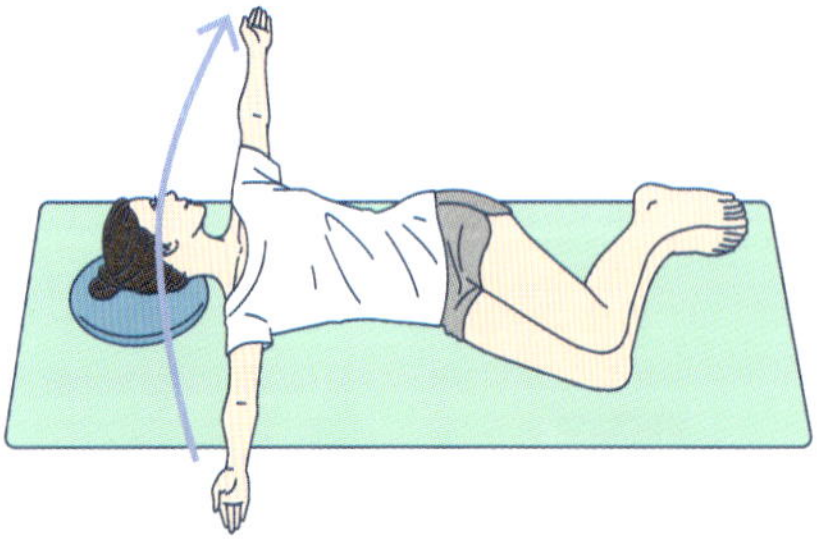

2 ゆっくり5カウントを数えながら口から息を吐き、上の腕をできるだけ大きく開いていく。このとき視線は上げた手の指先を追う。再び5カウント数えながら腕を戻す。3〜5往復行ったら反対側も同様に

LEVEL2

正座で小さくストレッチ

1

正座し、一方の手を耳の後ろあたりに軽く添える。もう一方の手は床につき、体を前傾させる

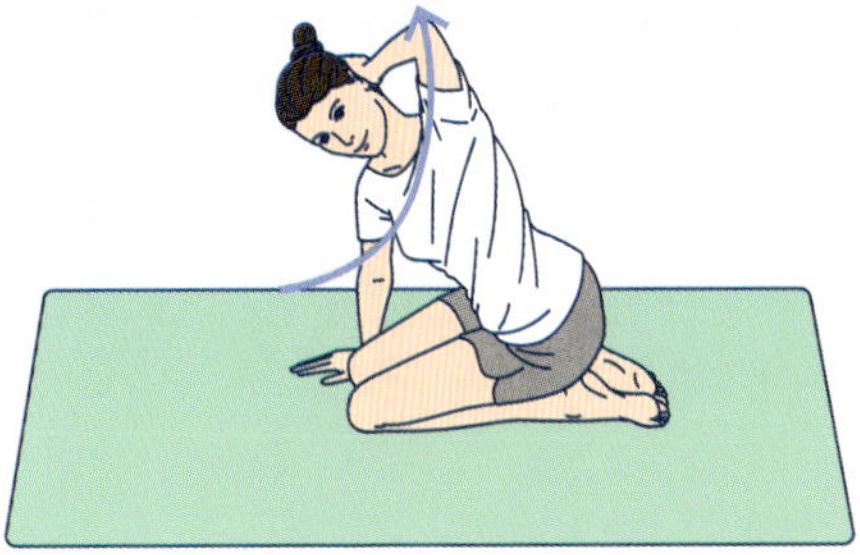

2

ゆっくり5カウントを数えながら口から息を吐き、頭に添えたほうのひじをできるだけ大きく開いていく。このとき耳に添えた手が離れないように、頭も自然に横に回す。再び5カウント数えながら腕を戻す。3〜5往復行ったら反対側も同様に

LEVEL3

よつばいで大きくストレッチ

1

よつばいになる。一方の手を耳の後ろあたりに軽く添える

2

ゆっくり5カウントを数えながら口から息を吐き、頭に添えたほうのひじをできるだけ大きく開いていき、最後は天井方向に腕を伸ばす。頭も自然に横に回し、最後は視線を手先に向ける。再び5カウント数えながら腕を戻す。3〜5往復行ったら反対側も同様に

インナーユニットが覚醒する呼吸法 STEP 3

ここまでは腹横筋や横隔膜を動きやすくすることを第一に、とにかくよく動くことを最優先にしていました。それをクリアしたら、次は別々に動かすステップです。腹横筋を引き締めることで体幹を安定させたまま、深い呼吸ができるようになりましょう。重要なのは腹横筋から力が抜けないこと。そのための工夫として、脊柱のカーブが前後にくずれないよう背すじを伸ばしたまま行います。

腹横筋《ふくおうきん》を締め横隔膜《おうかくまく》を動かす呼吸法
（お腹を凹ませ胸だけで呼吸する）

Offering You The Core Training Basic

腰を動かさず、お腹を凹ませたまま胸だけをふくらませるのがポイントです。
ここでは、ろうそくを目の前にしても火が消えないような息の吐き方にしましょう。
そうしないと腹横筋に入っていた力が抜けてしまいがちだからです。
目の前のろうそくの火を吹き消すような吐き方になっていたら、
腹横筋よりアウターユニットが使われています。

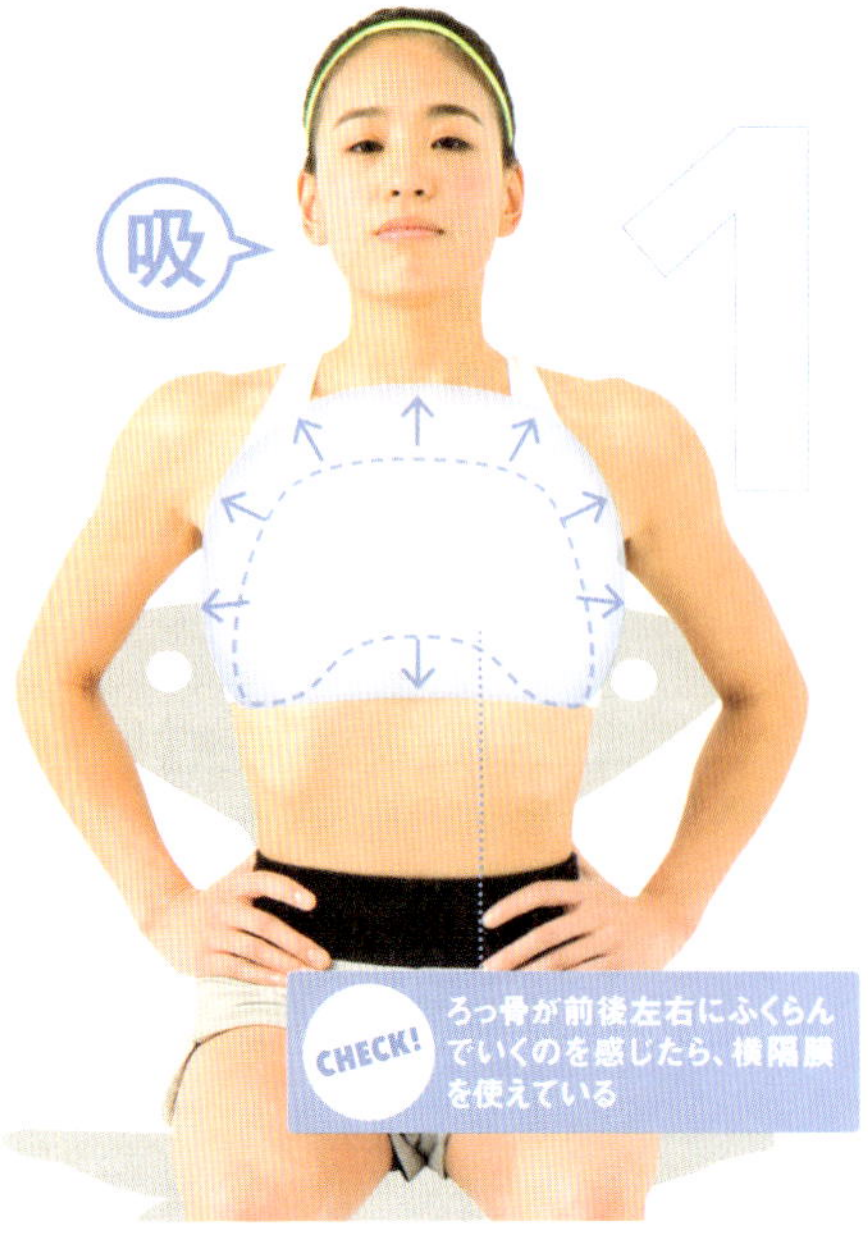
吸
1
CHECK!
ろっ骨が前後左右にふくらんでいくのを感じたら、横隔膜を使えている

腹横筋でお腹を引き締めたまま、胸をふくらませながら鼻から息を吸う

standby
背すじを丸めず
骨盤を立てて座る

イスに浅く腰かけて背すじを伸ばす。骨盤を左右からつかみ、肩の力を抜く

インナーユニットはこうなっている！（正面）

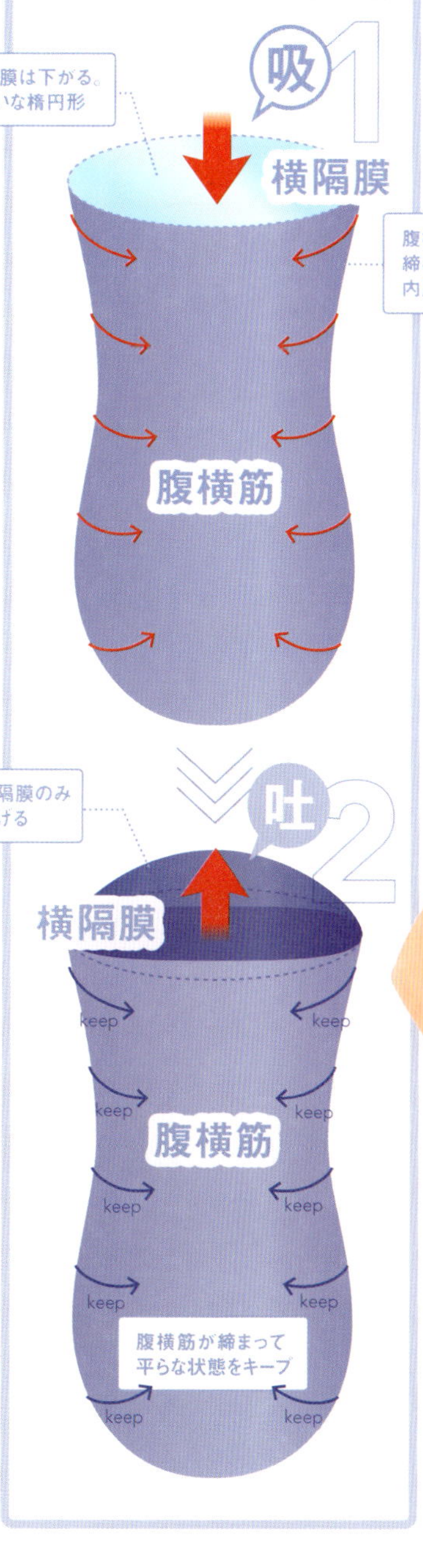
吸
1
横隔膜は下がる。
きれいな楕円形
横隔膜
腹横筋だけで
締めて平らに。
内圧が高くなる
腹横筋
吐
2
横隔膜のみ
上げる
横隔膜
keep
腹横筋
腹横筋が締まって
平らな状態をキープ

1
sideview

吐
2
お腹は凹んだ
ままキープ
CHECK!
ろっ骨が体の中心に向かって
しぼんでいく感じがあれば横
隔膜を使えている

胸をつぶしながら、口から息を吐ききる

インナーユニットが覚醒する呼吸法 STEP 4

インナーユニットという、かごの側面を構成する腹横筋と、ふたになる横隔膜がよく動くようになったら、かごの底である骨盤底筋群を引き締められればインナーユニットがすべて覚醒した状態ができあがります。ただ骨盤底筋群は横隔膜以上に使う感覚がつかみにくいので、とにかく繰り返すことが重要です。いつでもどこでも、お尻の穴をキュッと締めるような動きを繰り返して骨盤底筋群を目覚めさせましょう。

インナーユニット呼吸法
（胸だけで呼吸をしながら骨盤底筋群《こつばんていきんぐん》も使う）

Offering You The Core Training Basic

息を吐くときに、肛門（膣）を締めますが、はじめは締めると言われても
皆目見当がつかないという人がほとんどです。それを打破するのが継続です。
インナーユニット（横隔膜、腹横筋、骨盤底筋群）には連動する性質があるため、
続けるうちにいつの間にか使えるようになりますよ。

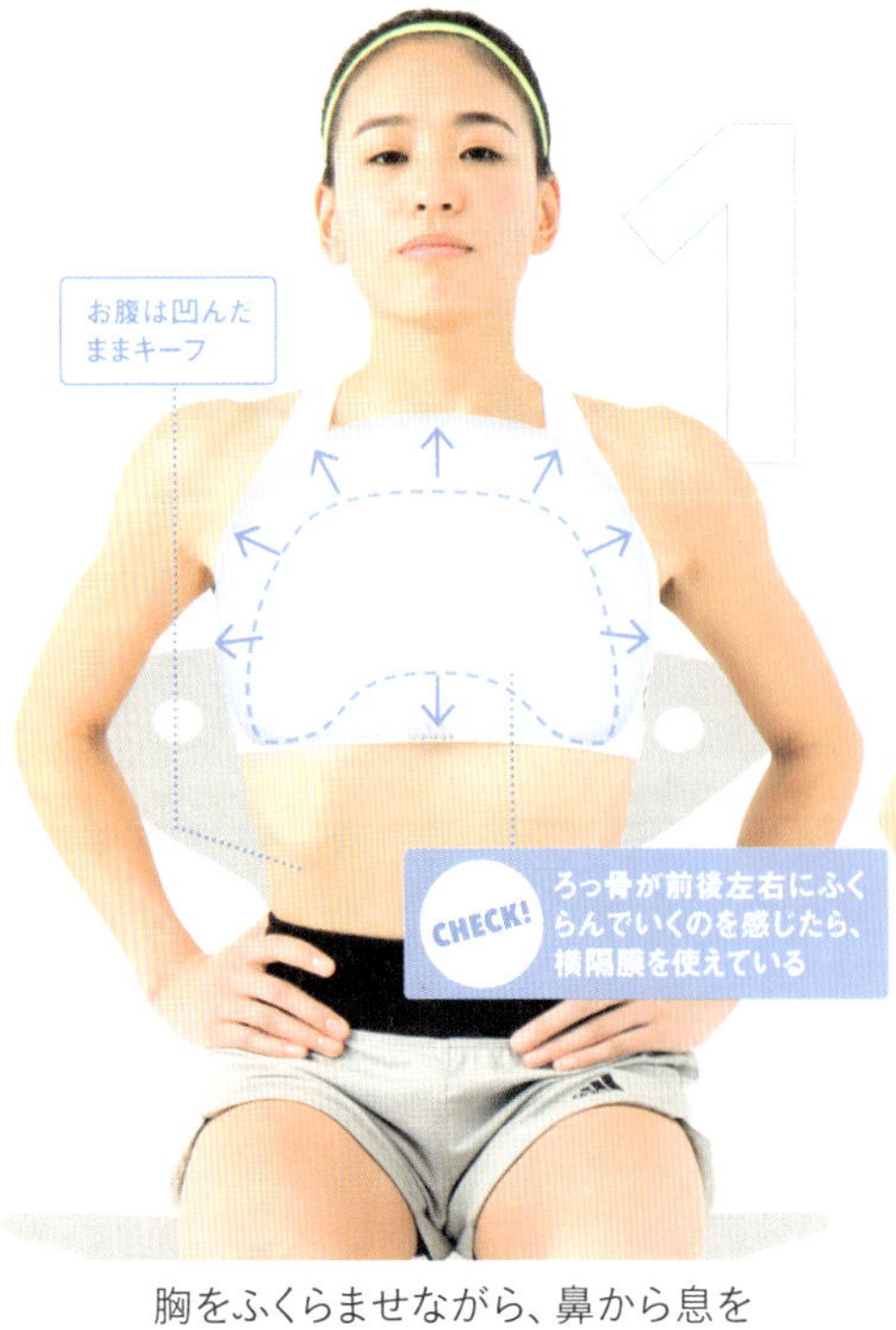
1
お腹は凹んだままキープ
CHECK!
ろっ骨が前後左右にふくらんでいくのを感じたら、横隔膜を使えている

胸をふくらませながら、鼻から息を吸い、同時に肛門（膣）をゆるめていく。このときお腹は動かさない

standby
背すじを丸めず骨盤を立てて座る

イスに浅く腰かけて背すじを伸ばす。骨盤を左右からつかみ、肩の力を抜く

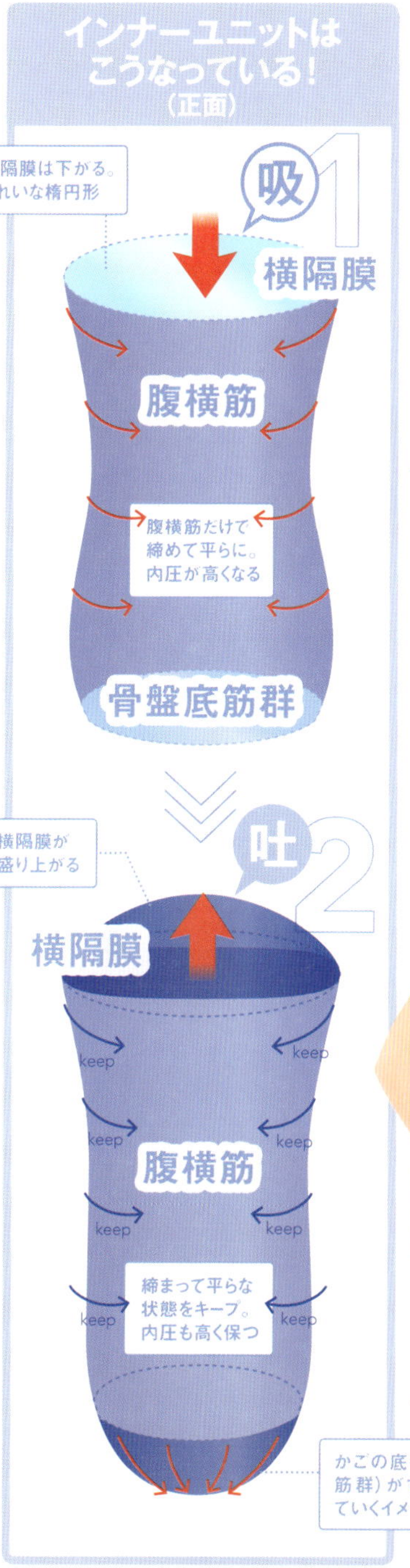
インナーユニットは
こうなっている！
（正面）
横隔膜は下がる。
きれいな楕円形
吸
1
横隔膜
腹横筋
腹横筋だけで
締めて平らに。
内圧が高くなる
骨盤底筋群
横隔膜が
盛り上がる
吐
2
横隔膜
keep
腹横筋
締まって平らな
状態をキープ。
内圧も高く保つ
かごの底（骨盤底
筋群）がすぼまっ
ていくイメージ

1
sideview
2
CHECK!
ろっ骨が体の中
心に向かってしぼ
んでいくのを感じ
たら横隔膜を使
えている
肛門（膣）は軽く
締めていく
CHECK!
お尻や太ももには
力を入れないで行う

胸をつぶしながら、口から息を吐き、
同時に肛門（膣）を軽く締めていく

自分の内側の筋肉が
絞られて伸びていく感覚
──(SU)

**腹に帯を巻き、へそから
内側に絞るイメージだと
うまくいきます**

ウエストを絞っていくイメージで
行ったら入る感覚がわかった
──(TAKE)

**お腹だけでなく、ろっ骨ごと
ウエストを絞っていく
イメージで繰り返すうちに
腹横筋が入る感覚を
つかみやすいと思います**

お腹よりも腰に
重点を置き、
ナチュラルカーブまで
戻すことを意識したら、
体幹が入る感覚が
つかめた
──(YAMA)

ベルトを締め上げるイメージで
お腹を凹ませ肛門を締める
──(Ka)

あお向けで
ウエストを細くする、
背中を地面に
近づけることを
意識して行った
──(TA)

呼吸を吐き切ることを意識
──(HA)

**腹直筋も腹横筋も
力を全部入れてから、
腹直筋の力を
抜いていくのが
おすすめです**

肛門を締めるというよりも、
生殖器を動かすイメージで
行うとピンと来た
──(Yo)

成功者が語る

インナーユニットにスイッチを入れるコツ

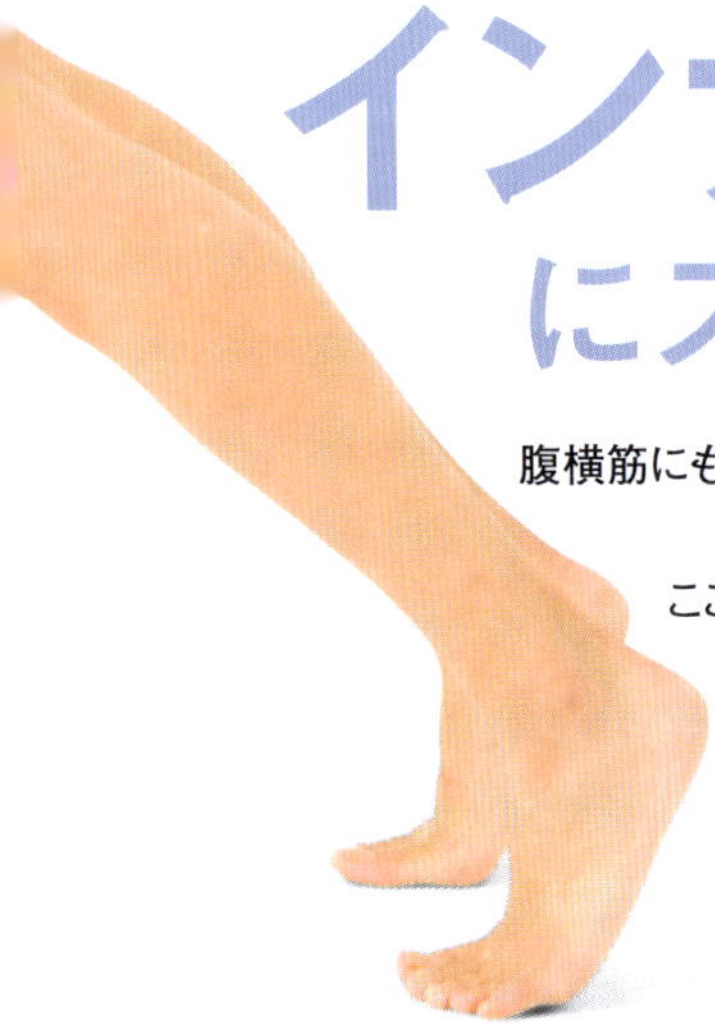

腹横筋にも骨盤底筋群にも、人それぞれ引き締めることをしやすいイメージや体勢、コツがあり、できたことをどう感じるかも異なります。ここではアスリートやトレーナーたちから、インナーユニットの各部位がどうやったら使えるようになったか、また「入った」ときにどんな感覚があったのかの声を拾いました。うまく使えない部位がある場合は、これらをイメージしながら取り組んでみてください。

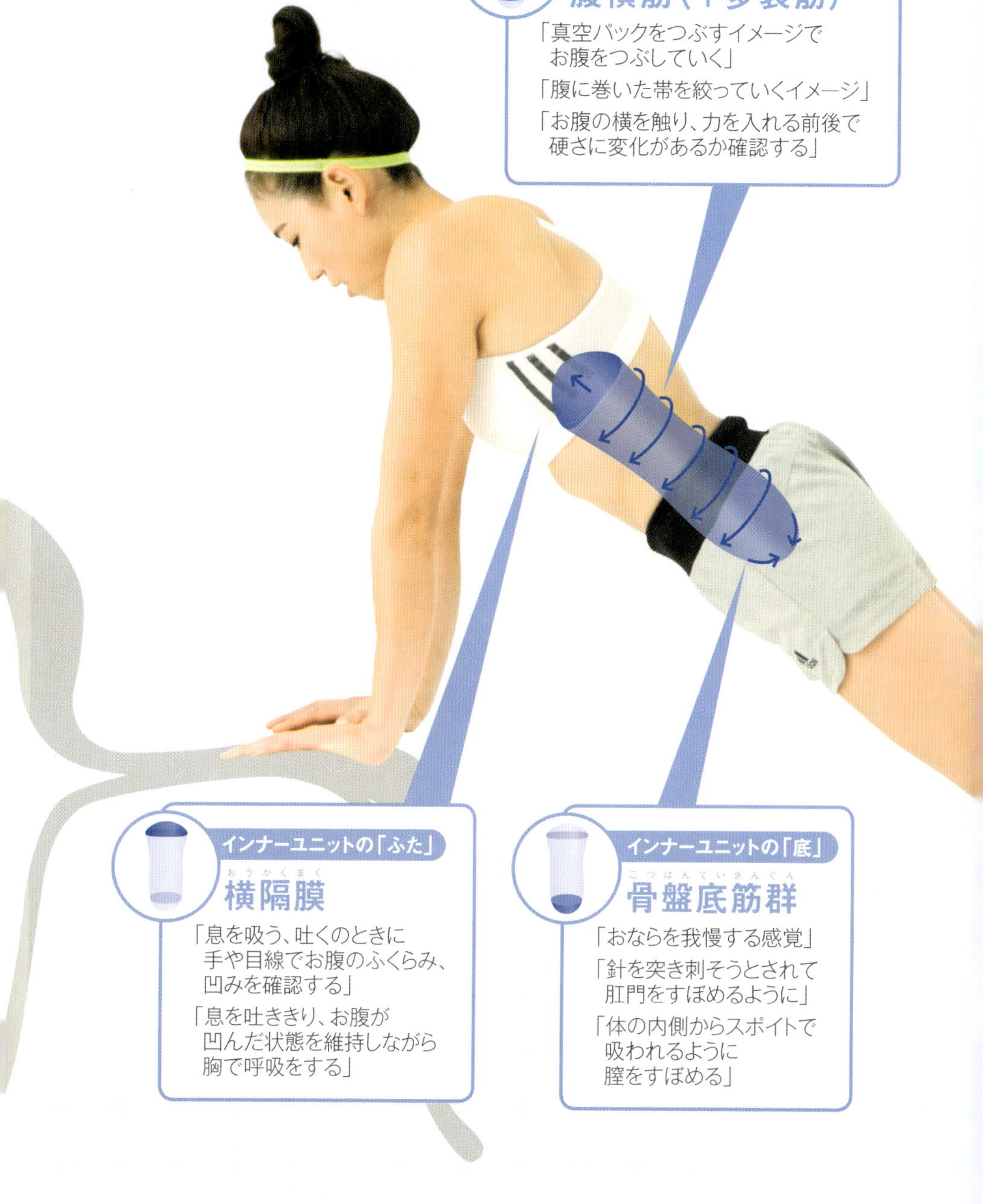

インナーユニットの「側面」と「背面」

腹横筋《ふくおうきん》（＋多裂筋《たれつきん》）

「真空パックをつぶすイメージで
お腹をつぶしていく」

「腹に巻いた帯を絞っていくイメージ」

「お腹の横を触り、力を入れる前後で
硬さに変化があるか確認する」

インナーユニットの「ふた」

横隔膜《おうかくまく》

「息を吸う、吐くのときに
手や目線でお腹のふくらみ、
凹みを確認する」

「息を吐ききり、お腹が
凹んだ状態を維持しながら
胸で呼吸をする」

インナーユニットの「底」

骨盤底筋群《こつばんていきんぐん》

「おならを我慢する感覚」

「針を突き刺そうとされて
肛門をすぼめるように」

「体の内側からスポイトで
吸われるように
膣をすぼめる」

COLUMN 1

なぜトップアスリートの動きは速く強く美しいのか

マイケル・ジョーダン、タイガー・ウッズ、リオネル・メッシ……。頂点を極めた彼らだけでなく、トップアスリートに共通するのは、力みやブレがなく流れるような動きです。それらが生まれる理由の一つは間違いなく、体幹を見事に使いこなしているからでしょう。

体幹の安定は、一瞬の動きの鋭さやより大きなパワー発揮、無駄なエネルギー消費の抑制に役立ちます。たとえばサッカーやラグビー、バスケットボールなどの選手は、なめらかな体の運びや当たり負けしない強さや瞬時に体勢を立て直す力、マラソンランナーなら体のブレを抑える力を獲得しやすくなるのです。こうしたポジティブな実感を多くのアスリートが語ったことで、体幹トレーニングの認知度は急上昇しました。

ただし、体幹さえうまく使えればトップアスリートになれるわけではありません。彼らがトップたり得るのは、研ぎ澄まされたスキルやメンタル、高い身体能力など、さまざまな要素が揃っているからこそ。逆にスキルや身体能力さえ飛び抜けて高ければ、体幹を使いこなせなくても、あるいは体幹トレーニングの必要性を感じずに高いレベルの結果を残す選手もいます。体幹は「体をうまく使う」というスキルの土台にあるものなのです。

もちろん、体幹トレーニングにポジティブな実感を語ったアスリートのように、体幹というピースが欠けていた人ほど劇的な変化があらわれます。使えなかった体幹がうまく使えるようになるだけで、パフォーマンスが向上しケガのリスクが減るだけでなく、新たなひらめきを得るきっかけにもなる。つまり、自分自身の限界を突破する可能性を高められるのです。速く強く美しい動きで我々を魅了するトップアスリートが、自らの限界を突破してきたように。

CHAPTER 2

世界一効く体幹トレーニング超基礎編

1

体幹に秘められた力を使いこなすために

インナーユニットを「作動させ続ける」

Offering You The Core Training Basic

インナーユニットを「動かす」ことができたら「作動させ続ける」段階に進みましょう。体のブレを抑えて疲労やケガを抑制する、上半身と下半身の連動をスムーズにして**パフォーマンスを向上させるといった効果は、インナーユニットを常時作動させることで最大限発揮されるから**です。

常時作動させる力を身につける最初のステップが、さまざまな体勢でインナーユニットを使うＰＡＲＴ１。あお向け、よつばい、ひざ立ち、立位と楽な体勢から順に行います。私たちは赤ちゃんのときに寝返りやハイハイなどで体幹の使い方を身につけますが、その過程をなぞることで、インナーユニットを中心とした体幹の筋肉を再教育するのです。

ＰＡＲＴ２では、インナーユニットを作動させたまま腕や脚の筋肉を連動させます。**動いていてもインナーユニットという体の基盤が失われないようにする**ことが目的です。ここでの最終目標は、インナーユニットを作動させたまま歩くこと。ここまでが体幹トレーニングの超基礎編で、健康上の悩みを解消したい人にとってはゴールでもあります。

アスリートの場合は、インナーユニットを作動させ続けたまま競技に必

要な動作を繰り返すことで、全身の筋肉を連携させるのが最終目標です。

この超基礎編は非日常的で地味な動作ばかりなので、最初は「難しい」「つまらない」と感じるかもしれません。でも繰り返すうちに「体幹入った！」と思える感動の瞬間を味わえます。起床後や就寝前、あるいは運動の前後などに習慣化するのがおすすめです。

PART 1 あらゆる体勢でインナーユニットを常時作動させる

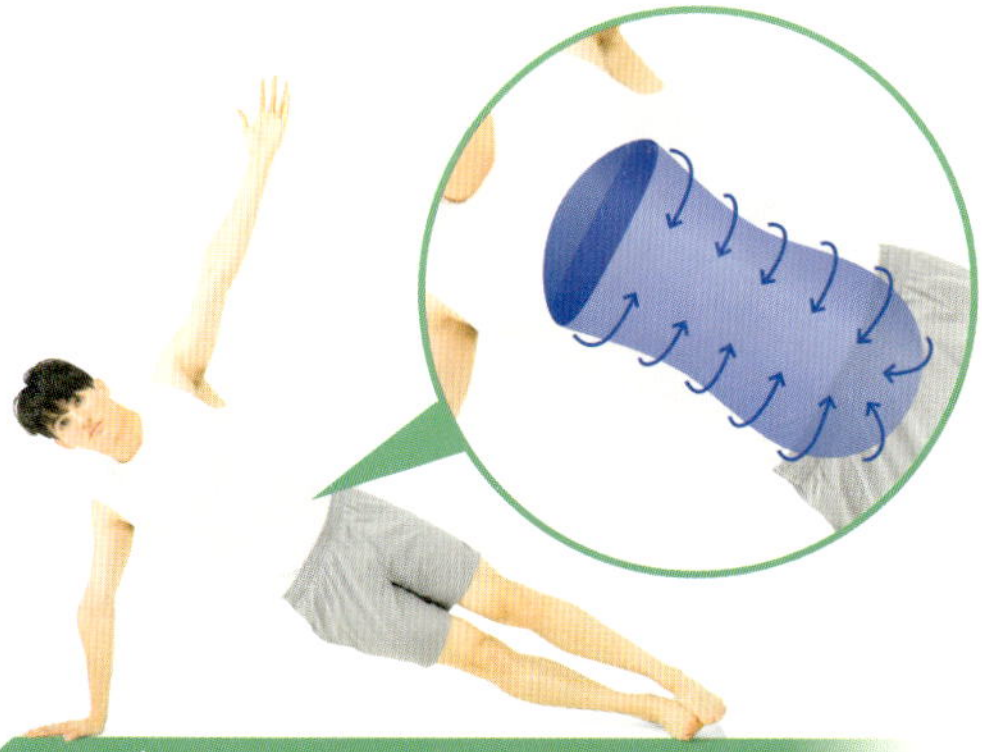

PART 2 インナーユニットを作動させたままアウターユニットも使いこなす

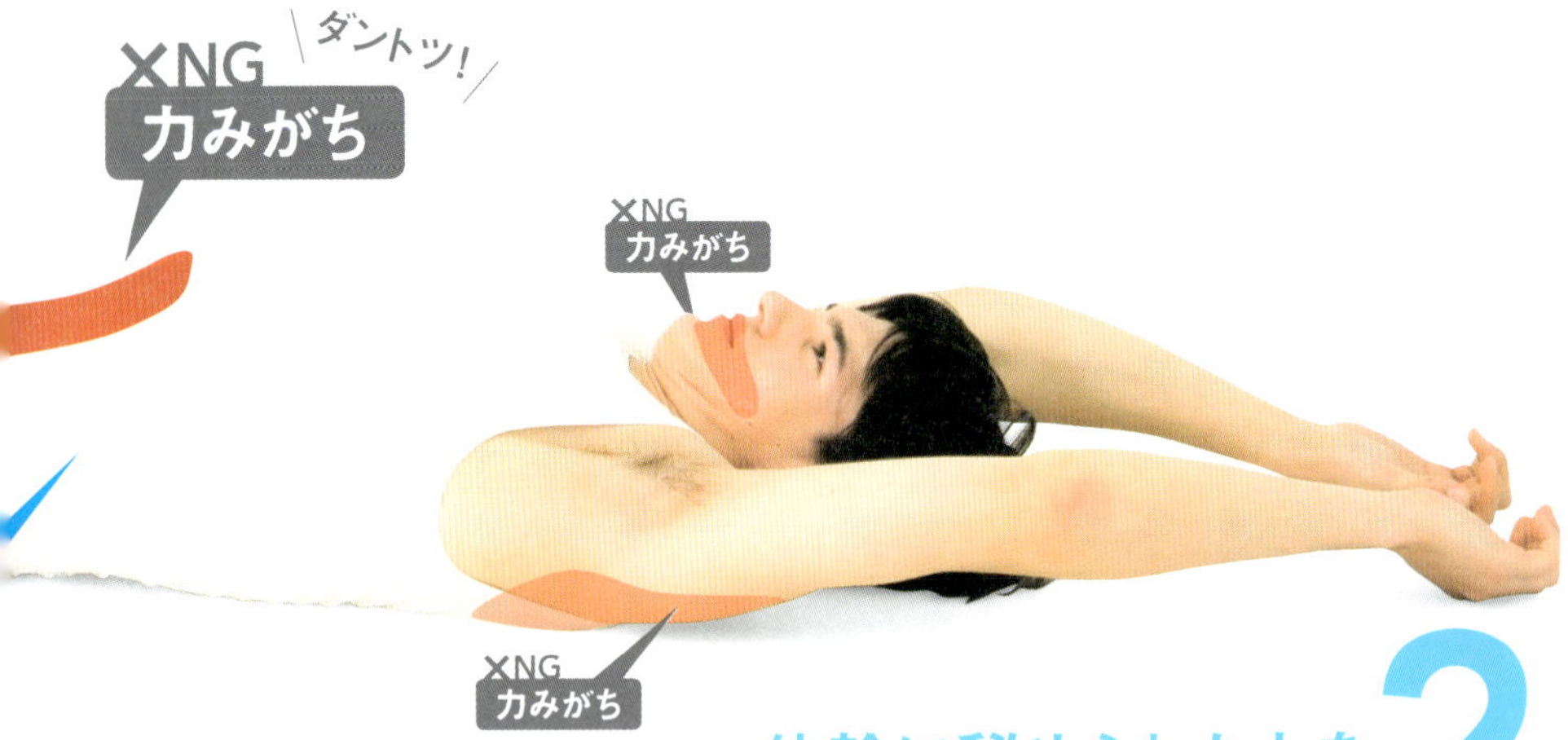
×NG
力みがち
ダントツ!
×NG
力みがち
×NG
力みがち

体幹に秘められた力を使いこなすために 2

インナーユニット作動中の「力み」をなくす

Offering You The Core Training Basic

せっかくインナーユニットが作動し体幹が安定していても、それ以外の部分が力んでいたら体は自由に動きません。体幹が安定したまま自在に体が動く状態をつくりましょう。ただし**部位ごとに「力を抜く」のは入れるよりも難しく、コツが必要です。**

これはウインクで説明するとわかりやすいと思います。うまくウインクする人は、片目だけ閉じたり開いたりできますよね。苦手な人は、目のまわりや顔に余計な力が入ったり肩が上がったりしがちです。体幹トレーニングでも、腹横筋だけ使いたいのに腹直筋やお尻、脚、肩にまで力が入ったり、力を入れてはいけないと意識すると逆に全部抜けたりと、最初は迷走する人がほとん

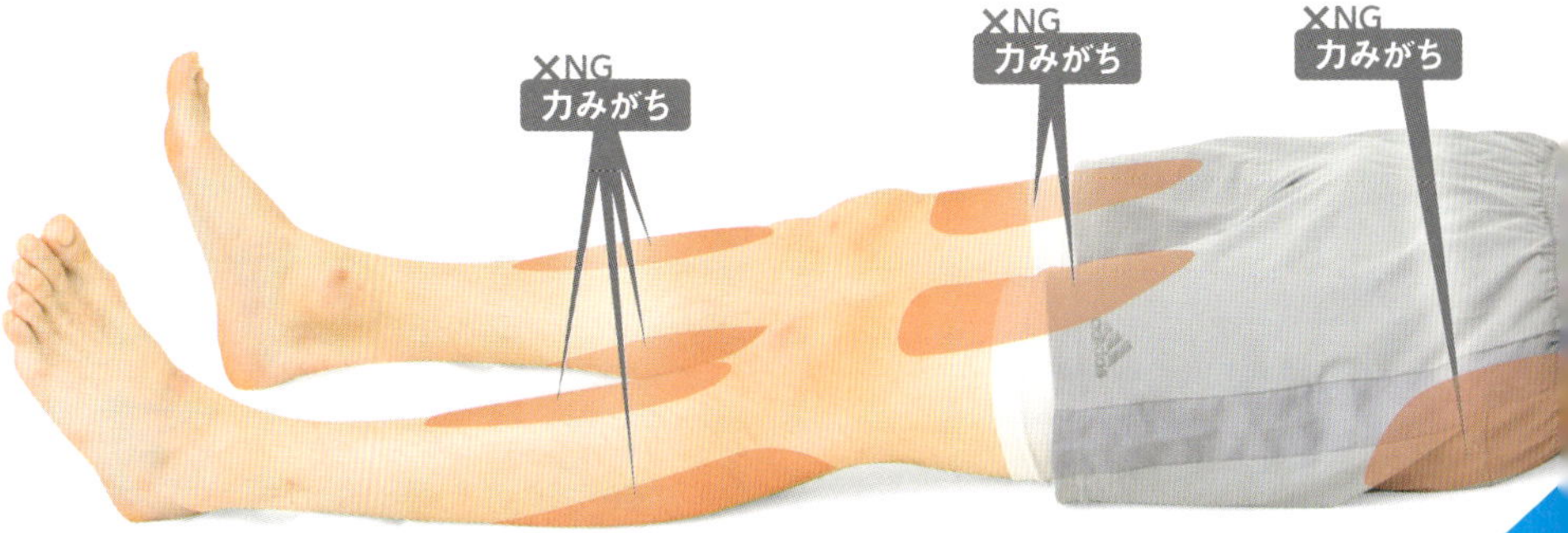

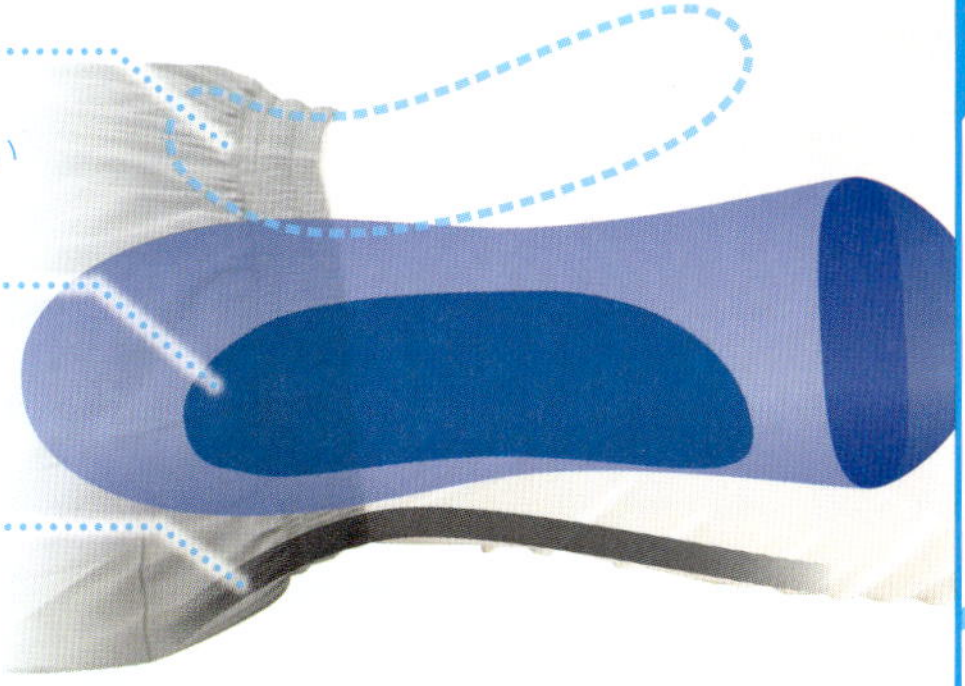

❶ お腹の前面はガチガチに固めない
腹直筋に力が入ると恥骨が上がり、腰が丸まって腹横筋の力が抜けやすい

❷ お腹のサイドは硬くなっていてOK
サイドの硬さは筋肉のコルセット、腹横筋が作動している証拠

❸ 腹横筋が働きやすい「ナチュラルカーブ」は保つ
脊柱が自然にカーブした「ナチュラルカーブ」を保つと腹横筋は働きやすい。腰の下に手のひら1枚ほど空間がある状態が目安

どです。

めざすは「腹横筋は締まっているが、腹直筋を筆頭にほかの部位には力が入らない状態」です。これは手であちこちを触ると、わかります。

お腹の前面、太ももの前や裏、お尻は硬くなっていませんか。肩が上がったり歯を食いしばったりしていませんか。呼吸が自然にできない人もいます。**「あちこち力んでいる」人は、呼吸を繰り返しながら力んでいる部位一つひとつに順番に意識を向け、ゆるめていきましょう。**ただし腹横筋や骨盤底筋群の力まで抜けないよう意識してください。最初からうまく力を抜ける人は、ごくわずかです。でも繰り返し行ううちに必ずコツはつかめますよ。

体幹に秘められた力を
使いこなすために
3

うまくいかない人は
得意な姿勢を見つける

Offering You The Core Training Basic

ＳＴＥＰ１は、最も重力の負荷を受けにくく安定したあお向けの体勢から始まるので、体幹を再教育するには最適な流れです。ただ、それでも「よつばいになったら急にできなくなった」「ひざ立ちだと深い呼吸ができなくなる」という声は上がります。なぜなら、骨格や筋肉のつきかたは人それぞれ違うため、インナーユニットの「入りやすい姿勢」にも個人差が生じるからです。あお向けで入れるのはすごく上手でも、ひざ立ちになると全然わからなくなる人もいれば、立位を試したら突然「体幹入った！」という感覚を得られる人もいます。

どうしてもうまくいかない体勢があったら、そこは飛ばして次のステップにチャレンジするのもアリです。荒療治的ではありますが、難しい姿勢にチャレンジしたことで、ほかの体勢でうまくいくコツに気づくことも、場合によってはあるからです。青学駅伝チームでもアップの前に、できる・できないにかかわらず、全員ひざを立ててドローイン①（P76参照）をしてから、各自に合った体幹トレーニングに移っています。

ただし、1点だけ絶対に守っていただきたいルールがあります。それは各種目の〝ＬＥＶＥＬ１を正しくできるようになってから2に進

む〟ことです。インナーユニットが常時作動できない状態でアウターユニットのパートに入ると、両者を連動させられません。これでは体幹トレーニングに期待されるさまざまな効果は得られない場合があるので、ご注意ください。

競技中に突然、体幹が使えなくなることも

インナーユニットが作動せず、体幹のスイッチが「うまく入らない」状態は、トレーニング中だけでなく日常生活でも競技中でも起こることです。たとえば私は、走るときのペースによって体幹が入りにくくなります。1キロあたり3分50秒を切ると明らかにオーバーペースで苦しくなって、体幹が抜けます。逆に1キロあたり6分30秒などの超スローペースでも、体幹が抜けてだらけた走りになり疲労感が増します。このように体幹のスイッチは、心肺持久力や脚力など、さまざまな要因によっても抜けます。その場合は弱点の強化が必要です。体幹のスイッチを自在にコントロールできる、余裕のある体づくりをめざしましょう。

あらゆる体勢でインナーユニットを常時作動させる

“体幹スイッチ”をオンにし続けよう

Install

ここでは、さまざまな姿勢でドローインをし「腹直筋をできるだけリラックスさせながらインナーユニット（腹横筋、多裂筋、横隔膜、骨盤底筋群）を使う」感覚を養い、作動させ続けられる力を身につけます。ポイントは2つです。

一つが骨盤の傾きを変えずにドローインすること。骨盤が前傾し脊柱がナチュラルカーブを描いているほうが、腹横筋が働きやすいからです。もう一つが、インナーユニット以外の力みをいかになくすか。力んでいたら体の動きは不自然になります。

慣れないうちは、体のどこかしらは力むはずです。右利きの人が初めて左手で字を書いたときのように、動きが不自然になるため、インナーユニット作動のメリットを得にくい状態です。それでも1セットめよりは2セットめが、1週めよりも2週めのほうが、体が慣れるぶんうまくできるようになります。1日何回でも週何回でも、いつでもできるときに続けましょう。

ドローインがうまくできない場合はCHAPTER1に戻り、腹横筋が動きやすくなる「インナーユニットが覚醒する呼吸法」を試してください。

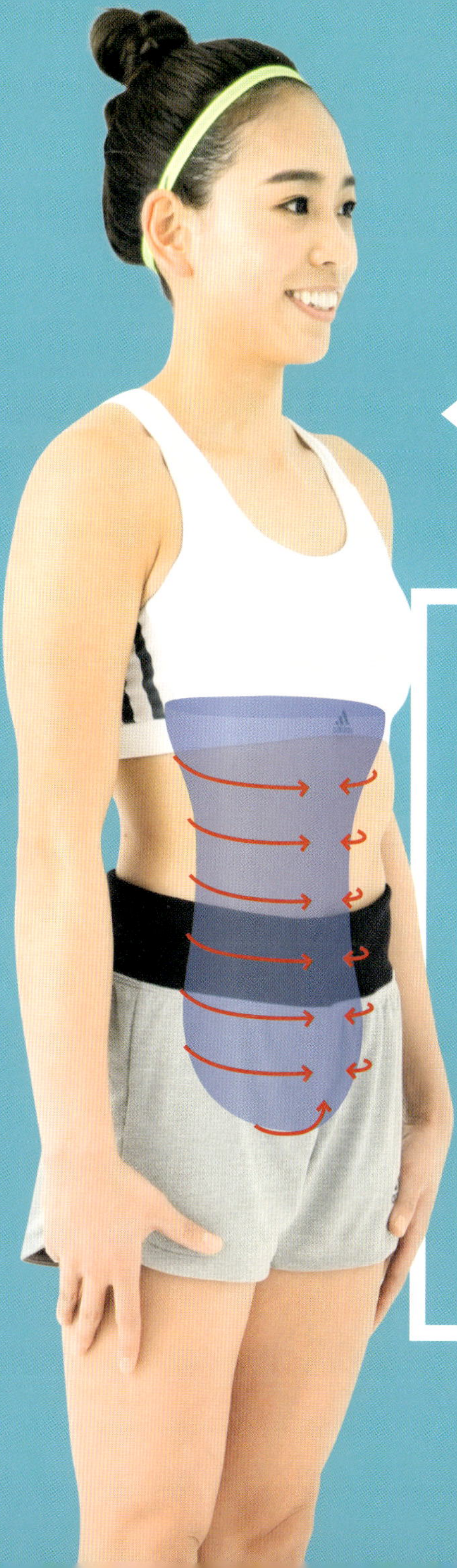

CHECK!

- □ ドローインは正しくできているか？
- □ 腰を反らせた位置（過前穹）から、
  骨盤の位置を動かさずに、
  ナチュラルカーブにセットできるか？
- □ ナチュラルカーブにセットした際、
  1）お腹のサイドは
  硬くなっているか？
  2）お腹の前面（腹直筋）は
  やわらかいか？
  3）太ももの前・裏、お尻、肩の力が
  抜け、歯の食いしばりがないか？
- □ 肛門（あるいは膣）が
  軽く締まっている感覚はあるか？

STEP 1

あお向けでインナーユニットを作動させ続ける

LEVEL1

ひざを立ててドローイン①

10回以上繰り返す

ドローインのやり方がよくわかる！

動画でコツを確認

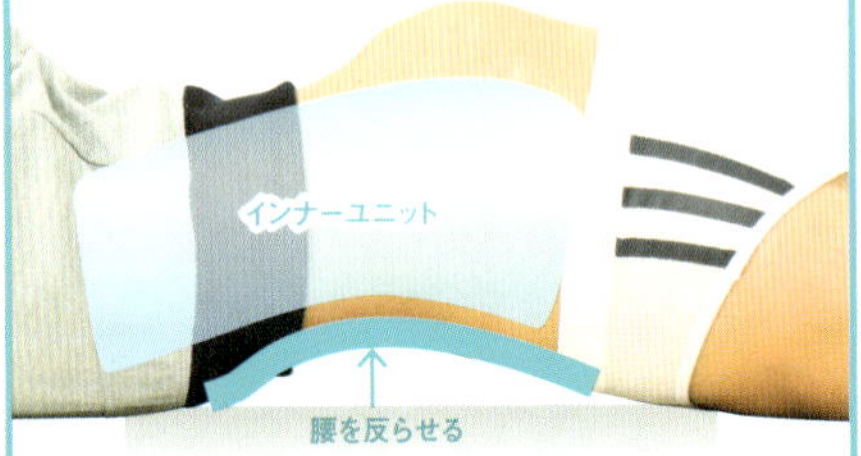

closeup 腹腔を大きく広げるイメージで深く息を吸いつつ、腰はしっかり反らせる。骨盤は前傾させる

standby あお向けになり、ひざを立てる

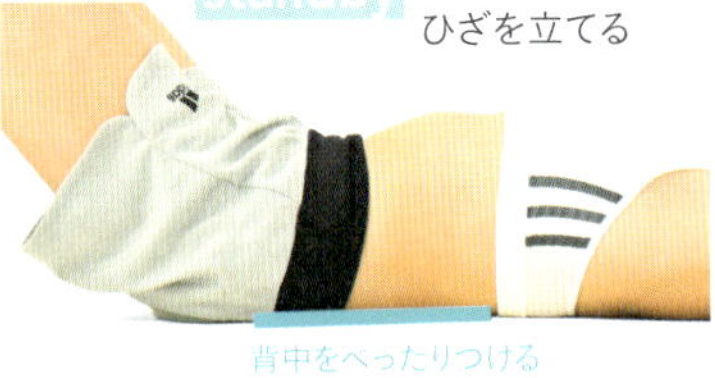

1 息を吸いながら腰を大きく反らせる

5秒かけて、お腹がふくらむくらい大きく息を吸いながら腰を反らせる

成功者たちが語る インナーユニットが常時作動するまで

まずはどこが動いているか、部位や名称を覚えた。腹に帯を巻いて、へそから下に絞るイメージで続けたらできた　（HA）

腹横筋を意識できるようになったのは体幹トレを始めてから約8か月後。大腿骨疲労骨折で練習ができなくなり、体幹トレーニングの回数を増やしたら実感し始められた。体の内側の筋肉が絞られ、伸びていく感じ（IT）

故障期間の2か月に集中してインナーユニットを使う訓練をした。腰ベルトを装着したイメージで走ることで、入ったまま走る状態を意識できた　（UE）

最もリラックスできる姿勢なので、インナーユニットに集中しやすいというメリットがあります。ナチュラルカーブができているかを確認しながら行いましょう

NG

腰が床についてしまう

腰が床につくなら腹直筋に余計な力が入っている。腹横筋の力も抜けやすい

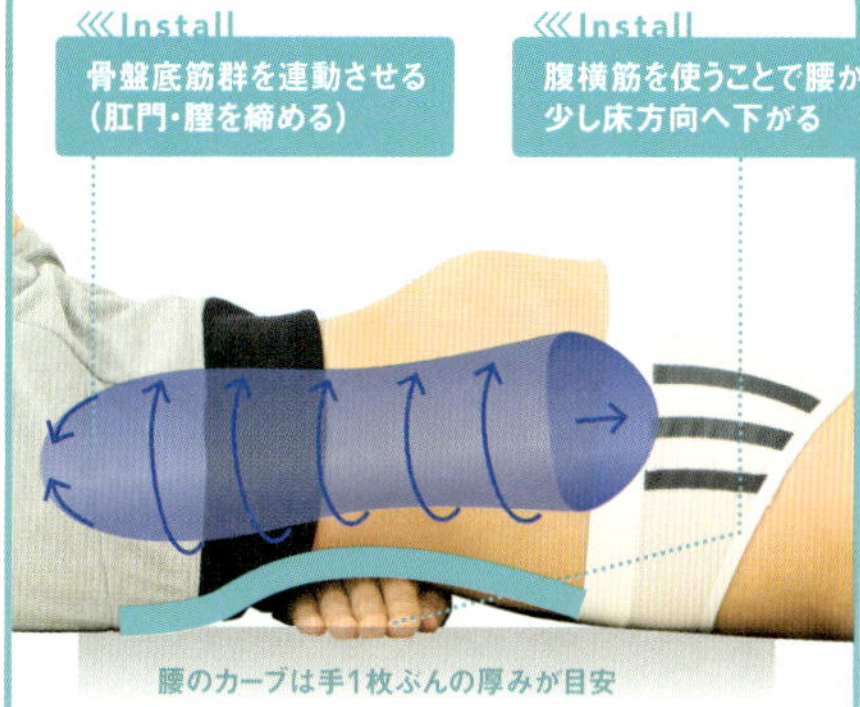
Install
骨盤底筋群を連動させる（肛門・膣を締める）
Install
腹横筋を使うことで腰が少し床方向へ下がる
腰のカーブは手1枚ぶんの厚みが目安

closeup 腰を動かすのではなく、息を吐くことで腰が少し床方向に下がるイメージ。骨盤の前傾はキープ

Point 腹直筋から力を抜く

お腹の前面が硬いのは、余計な力が入っているから。指で触れて確かめよう

2 息をしっかり吐くことで腰が少し下がる

5秒かけて口から息を吐くことで、腰が床方向に下がっていく。このとき腹直筋（お腹の正面）を硬くしない

このページにあるPointやInstallはP113まで共通するお約束。どんなときでもできるのが理想です

腹横筋を意識するために自分の体幹トレを動画撮影してもらい、くびれをつくるにはどうしたらいいかを確認しながら続けた。マネージャーに横腹を触ってもらいながら行うことで感覚をつかめた　(NA)

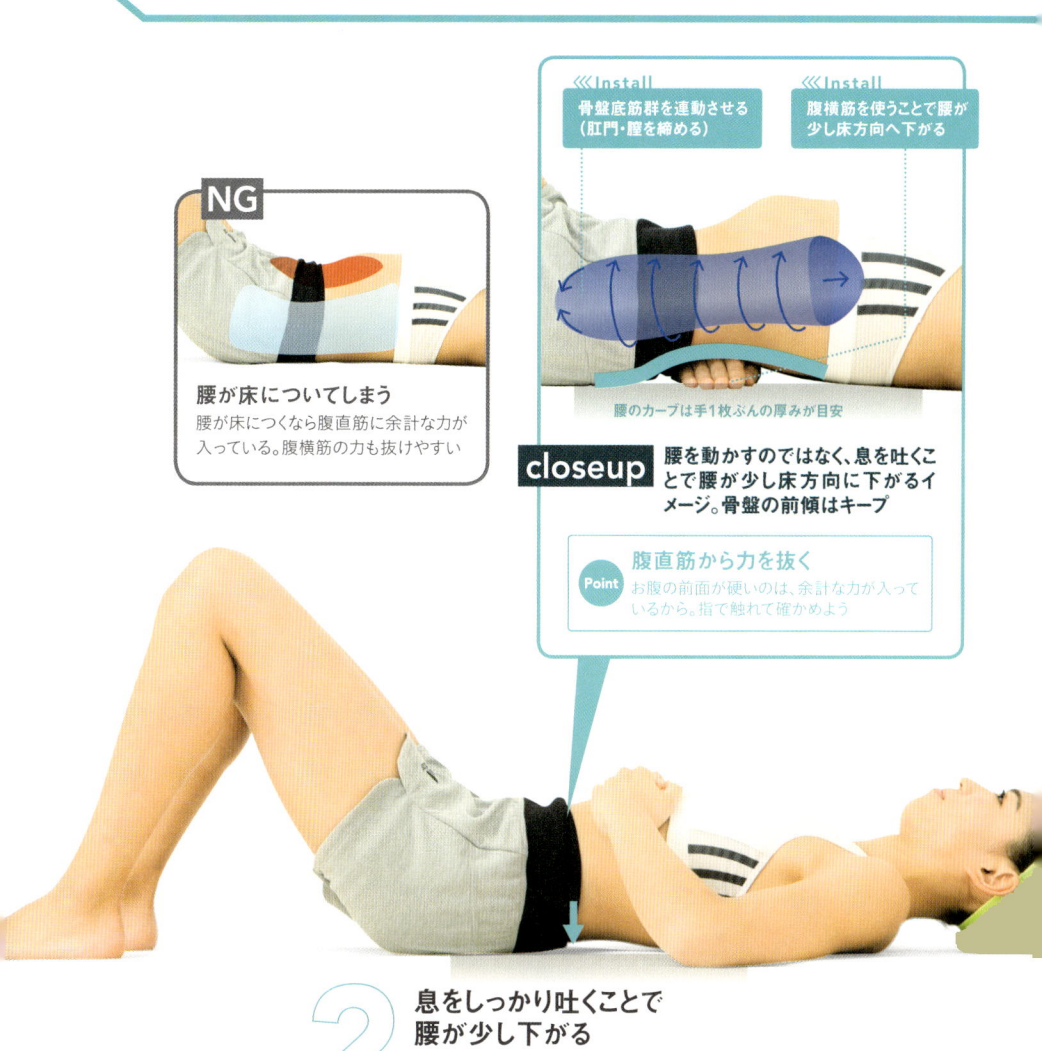

あお向けでインナーユニットを作動させ続ける

腕や脚を伸ばすと腰の反りが強くなるので、難易度も上がります

LEVEL2

ひざを立ててドローイン❷

10回以上繰り返す

1 両腕を頭の先に伸ばし 息を吸いながら腰を反らせる

床にあお向けになり、ひざを立てる。両腕は頭の先に伸ばし手のひらを上に向ける。5秒かけて、お腹がふくらむくらい大きく息を吸いながら腰を反らせる

2 息をしっかり吐いて お腹を凹ませる

5秒かけて口から息を吐きながら腹横筋を締める。同時に、肛門（膣）を軽く締める

Point 腹直筋には力を入れない
Install
骨盤底筋群を連動させる（肛門・膣を締める）
Install
腹横筋を締めることで腰が少し床方向へ下がる

成功者たちが語る インナーユニットが常時作動するまで

腹直筋に力が入ってもいいから、まずは腹横筋を入れることに重点を置いた。入ったことを確認してから腹直筋の力を抜くように意識（UE、NA）

腹横筋の筋肉図をイメージしながらお腹を凹ますところから始めた。腹直筋に力が入らずにできるようになったところで、骨盤底筋群も意識できるようになった（Yo）

はじめは腹横筋を使う実感がなく、とにかく基礎のあお向けドローインで反復練習。そのうち抜けている状態に気づけるようになり、そこから入れる感覚がつかめた（NA）

LEVEL3

脚を伸ばしてドローイン

10回以上繰り返す

1 両脚を伸ばして息を吸う

床にあお向けになる。両脚は伸ばし、両手は胸の下に。5秒かけて、お腹がふくらむくらい大きく息を吸いながら腰を反らせる

Point 腹直筋には力を入れない

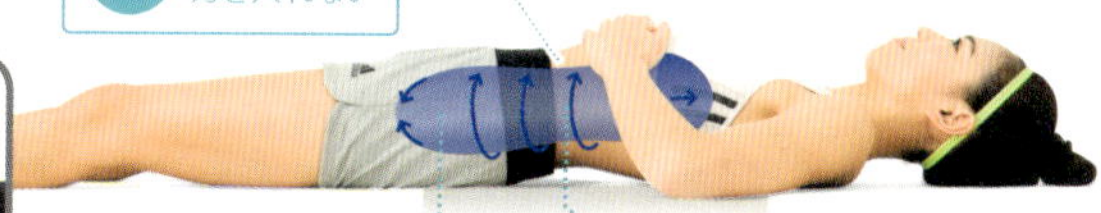

NG

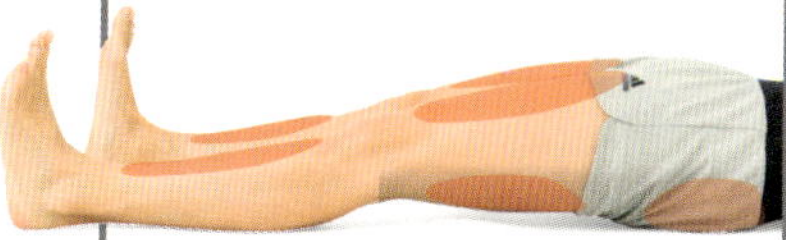

力んでしまう

お腹を凹ませると、お尻や太もも、足先に力が入りやすい。インナーユニット以外は、できるだけ脱力させたまま続けよう

Install 骨盤底筋群を連動させる（肛門・膣を締める）

Install 腹横筋を使うことで腰が少し床方向へ下がる

2 息をしっかり吐いてお腹を凹ませる

5秒かけて口から息を吐きながら腹横筋を締める。同時に肛門（膣）を軽く締めていく

LEVEL4

腕と脚を伸ばしてドローイン

10回以上繰り返す

1 息を吸いながら腰を反らせる

両腕と両脚を伸ばし、足は腰幅に。5秒かけて、お腹がふくらむくらい大きく息を吸いながら腰を反らせる

NG

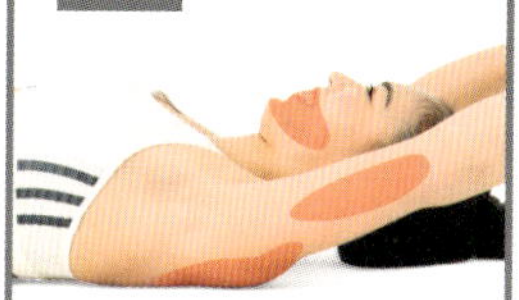

力んでしまう

歯を食いしばっている、肩や腕が床から浮いているのは余計な力が入っている証拠

Point お尻と太もも、足先は脱力

Install 骨盤底筋群を連動させる（肛門・膣を締める）

Install 腹横筋を使うことで腰が少し床方向へ下がる

2 息をしっかり吐いてお腹を凹ませる

5秒かけて口から息を吐きながら腹横筋を締める。同時に肛門（膣）を軽く締める。このとき、腹直筋（お腹）を硬くしない

よつばいでインナーユニットを作動させ続ける

1 よつばいで息を吸いながら腰を大きく反らせる

両手両ひざを床につく。5秒かけて、お腹がふくらむくらい大きく息を吸いながら腰を反らせる

動画でコツを確認

LEVEL1
よつばいでドローイン
10回以上繰り返す

closeup
腰を反らせる
インナーユニット
腹腔を広げるイメージで息を深く吸い、腰は大きく反らせる

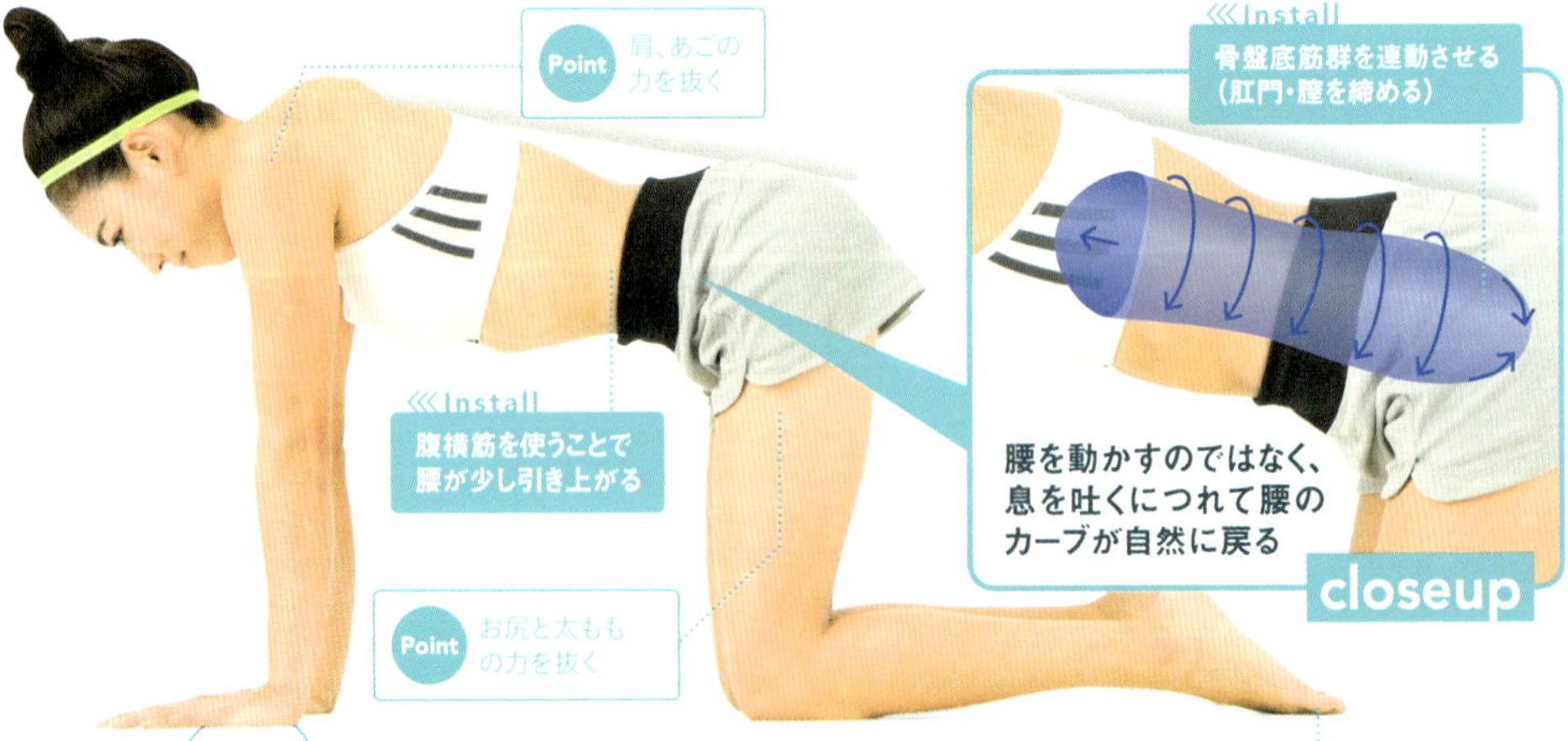
Point 肩、あごの力を抜く
Install
骨盤底筋群を連動させる（肛門・膣を締める）
Install
腹横筋を使うことで腰が少し引き上がる
腰を動かすのではなく、息を吐くにつれて腰のカーブが自然に戻る
closeup
Point お尻と太ももの力を抜く
Point 足先の力を抜く

2 息をしっかり吐いてお腹を凹ませる

5秒かけて口から息を吐く。同時に、肛門（膣）を軽く締める。腹直筋（お腹）を硬くしない

成功者たちが語る インナーユニットが常時作動するまで

掃除機をかけるとき、お風呂掃除のときなど、日常生活でもインナーユニットを意識することで感覚を磨いた（インストラクター／女性）

胸椎の伸展と可動域を広げるところからスタートしたら、動きを理解できるようになった（インストラクター／女性）

重力により下がるお腹を、インナーユニットで引き上げるぶん難しくなります。
腕や脚を動かしても力が抜けないようにしましょう

LEVEL2

ダイアゴナルでドローイン

10回以上繰り返す

1

大きく息を吸ってから息を吐いてお腹を凹ませる

両手・両ひざを床についてよつばいになる。5秒かけて、お腹がふくらむくらい大きく息を吸いながら腰を反らせたら、5秒かけてドローインをする

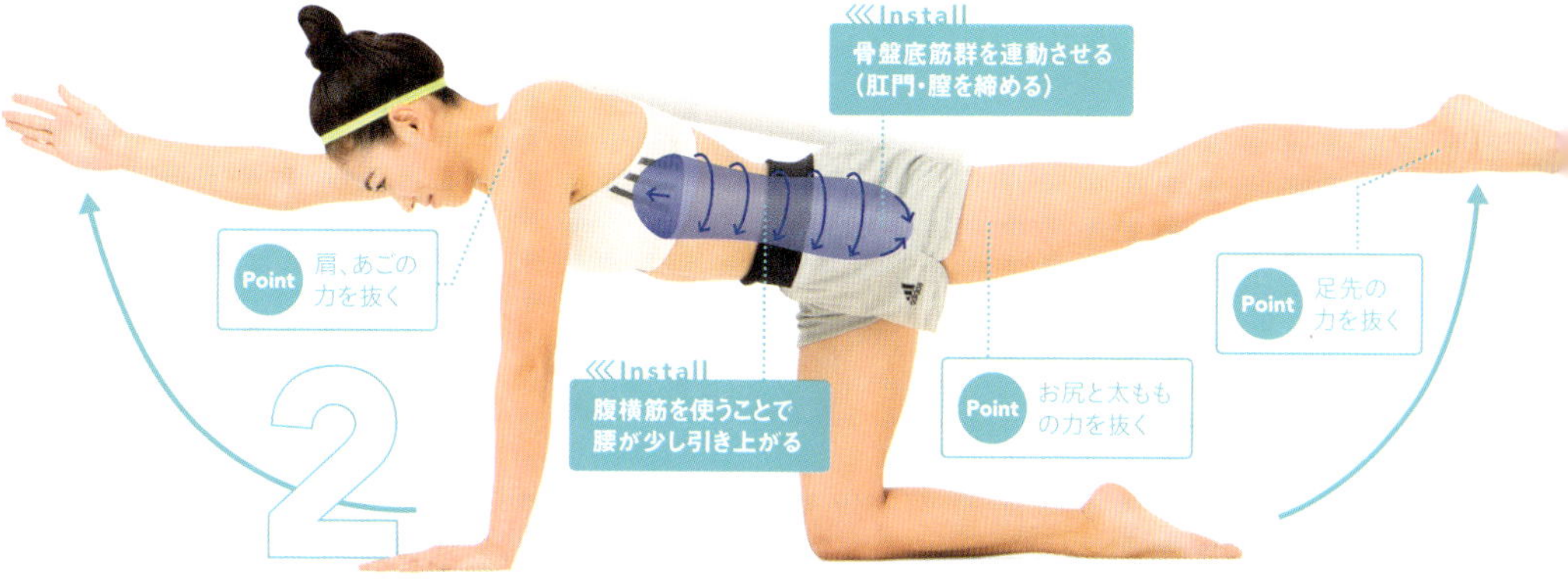
Install
骨盤底筋群を連動させる（肛門・膣を締める）
Point 肩、あごの力を抜く
Install
腹横筋を使うことで腰が少し引き上がる
Point お尻と太ももの力を抜く
Point 足先の力を抜く

2

片手・片脚を上げる

脊柱のナチュラルカーブをキープしたまま自然な呼吸を続け、4秒で一方の腕と逆側の脚をそれぞれ伸ばしていく。このとき、腹直筋（お腹）を硬くしない

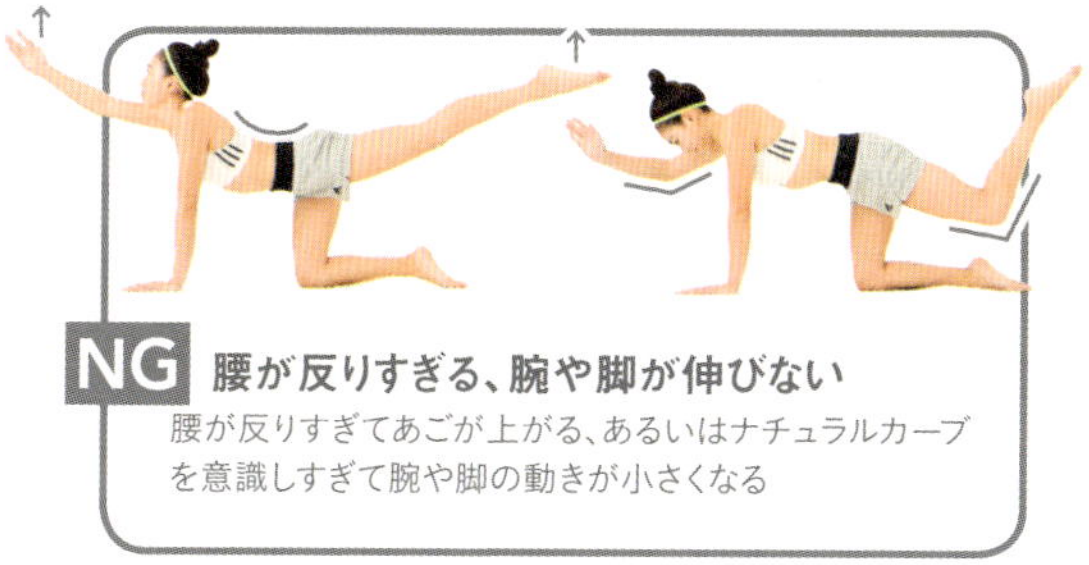

NG　**腰が反りすぎる、腕や脚が伸びない**

腰が反りすぎてあごが上がる、あるいはナチュラルカーブを意識しすぎて腕や脚の動きが小さくなる

3

ナチュラルカーブをキープしたまま、4秒数えながら1の体勢に戻す。反対側も同様に行う

ひざ立ちでインナーユニットを作動させ続ける

LEVEL1

L字バランスIでドローイン

10回以上繰り返す

動画でコツを確認

NG 腰が引ける、腰が反りすぎる

腹横筋の力が抜けて腰が引けても、お腹を突き出しあごが上がっても、インナーユニットは作動しない

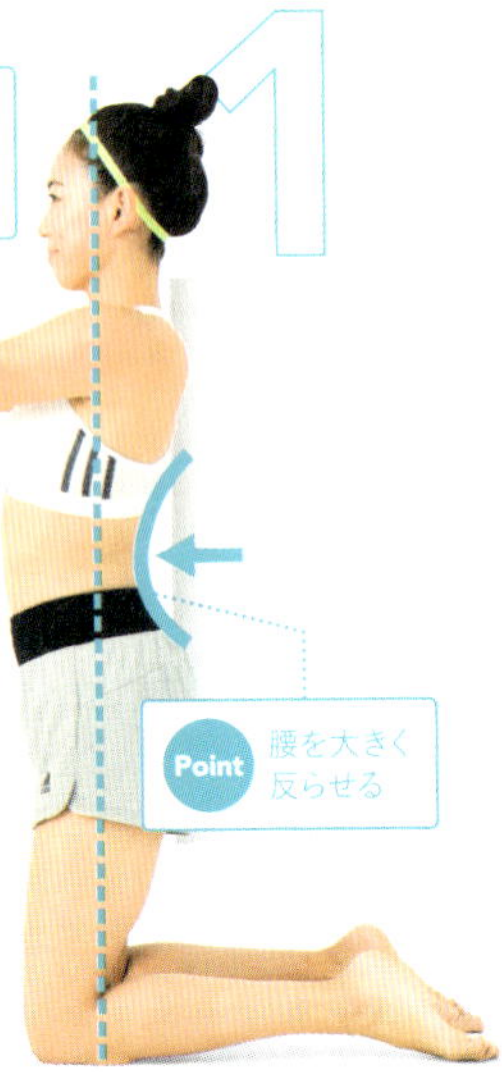

1

Point 腹腔を広げるイメージで息を深く吸う

息を吸いながら腰を大きく反らせる

床にひざ立ちになり、両手を前に伸ばして手のひらを内側に向ける。5秒かけて、お腹がふくらむくらい大きく息を吸いながら腰を反らせる

Point 腰を大きく反らせる

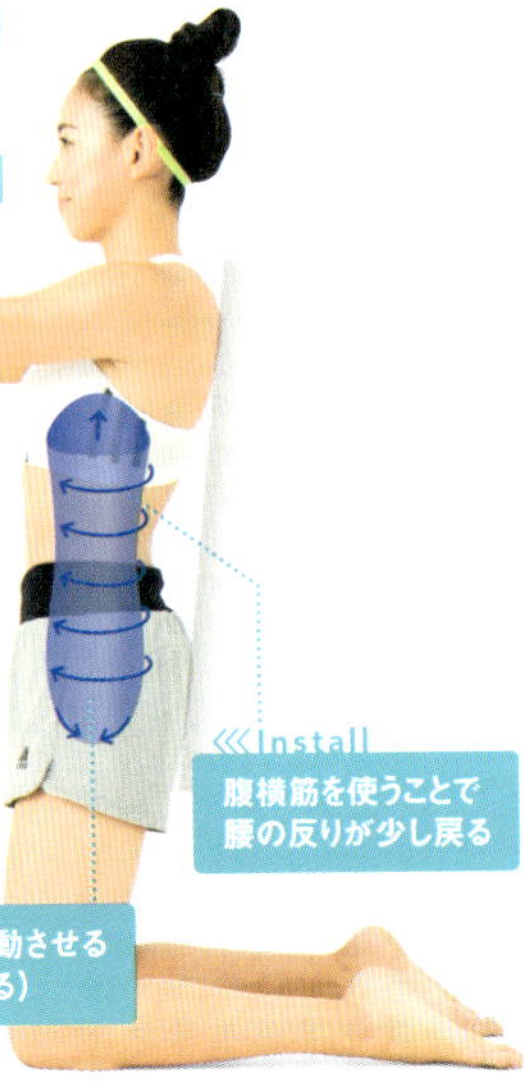

2

息をしっかり吐いてお腹を凹ませる

5秒程度かけて、お腹を凹ませながら口から息を吐く。同時に、肛門（膣）を軽く締める

Install 腹横筋を使うことで腰の反りが少し戻る

Install 骨盤底筋群を連動させる（肛門・膣を締める）

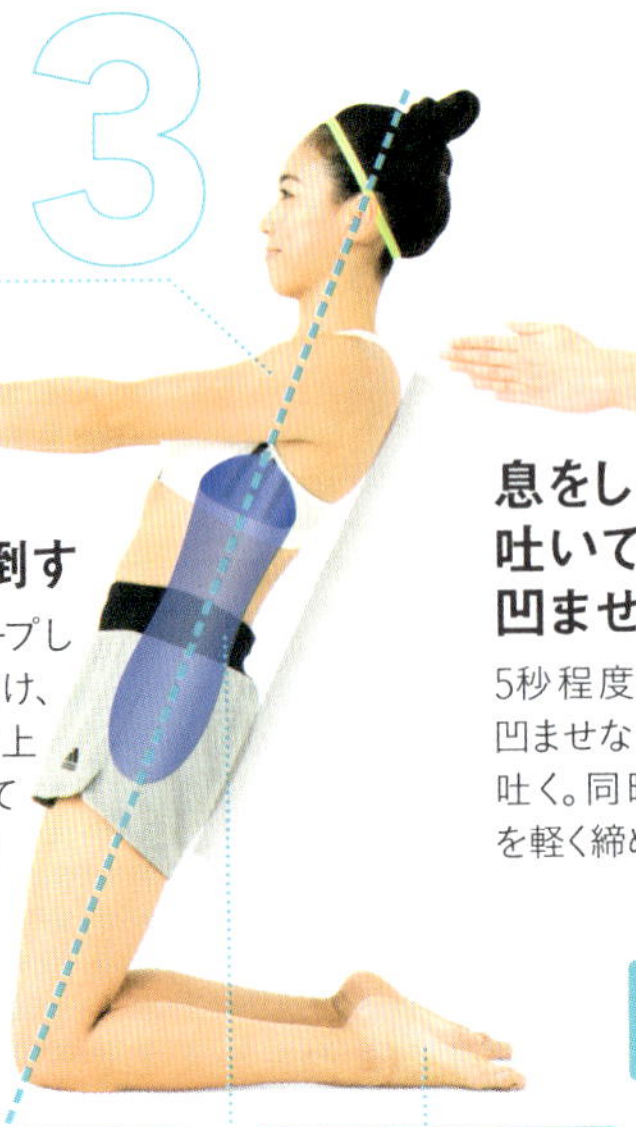

3

Point 肩、あごの力を抜く

4秒数えながらひざ上を後ろに倒す

ナチュラルカーブをキープしたまま自然な呼吸を続け、4秒で床に対してひざ上を30°ほど後ろに倒していく。このとき腹直筋（お腹）を硬くしない。その後、4秒かけて2の姿勢に戻る

Point ナチュラルカーブをキープ。腹直筋に力を入れない

Point お尻と太もも、足先の力を抜く

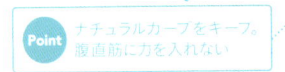

姿勢維持の筋肉を使いながらインナーユニットを使う段階です。体を傾けたり腕を動かしたりしても肩、首、お尻、太ももが力まないようにしましょう

LEVEL2

L字バランスⅡでドローイン

10回以上繰り返す

NG 腕が上がらない、腰が反りすぎている

腕が上がらなかったり腰が反りすぎたりすると、インナーユニットから力が抜けやすい

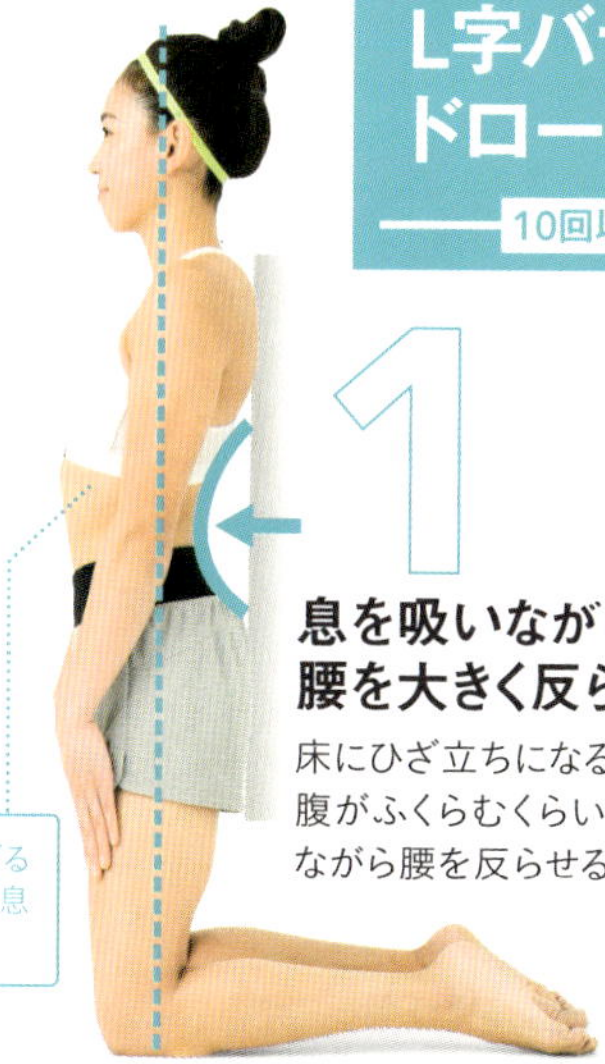

1 息を吸いながら腰を大きく反らせる

床にひざ立ちになる。5秒かけて、お腹がふくらむくらい大きく息を吸いながら腰を反らせる

Point 腹腔を広げるイメージで息を深く吸う

2 息をしっかり吐いてお腹を凹ませる

5秒程度かけて、お腹を凹ませながら口から息を吐く。同時に、肛門（膣）を軽く締める

Install 腹横筋を使うことで腰のカーブが少し戻る

3 4秒数えながら腕を頭上へ

ナチュラルカーブをキープしたまま自然な呼吸を続け、4秒で両腕を前から回して頭上に伸ばす。このとき、腹直筋（お腹）を硬くしない。その後、4秒で**2**の姿勢に戻る

Point 肩、あごの力を抜く

Point お尻と太もも、足先の力を抜く

Point ナチュラルカーブをキープ

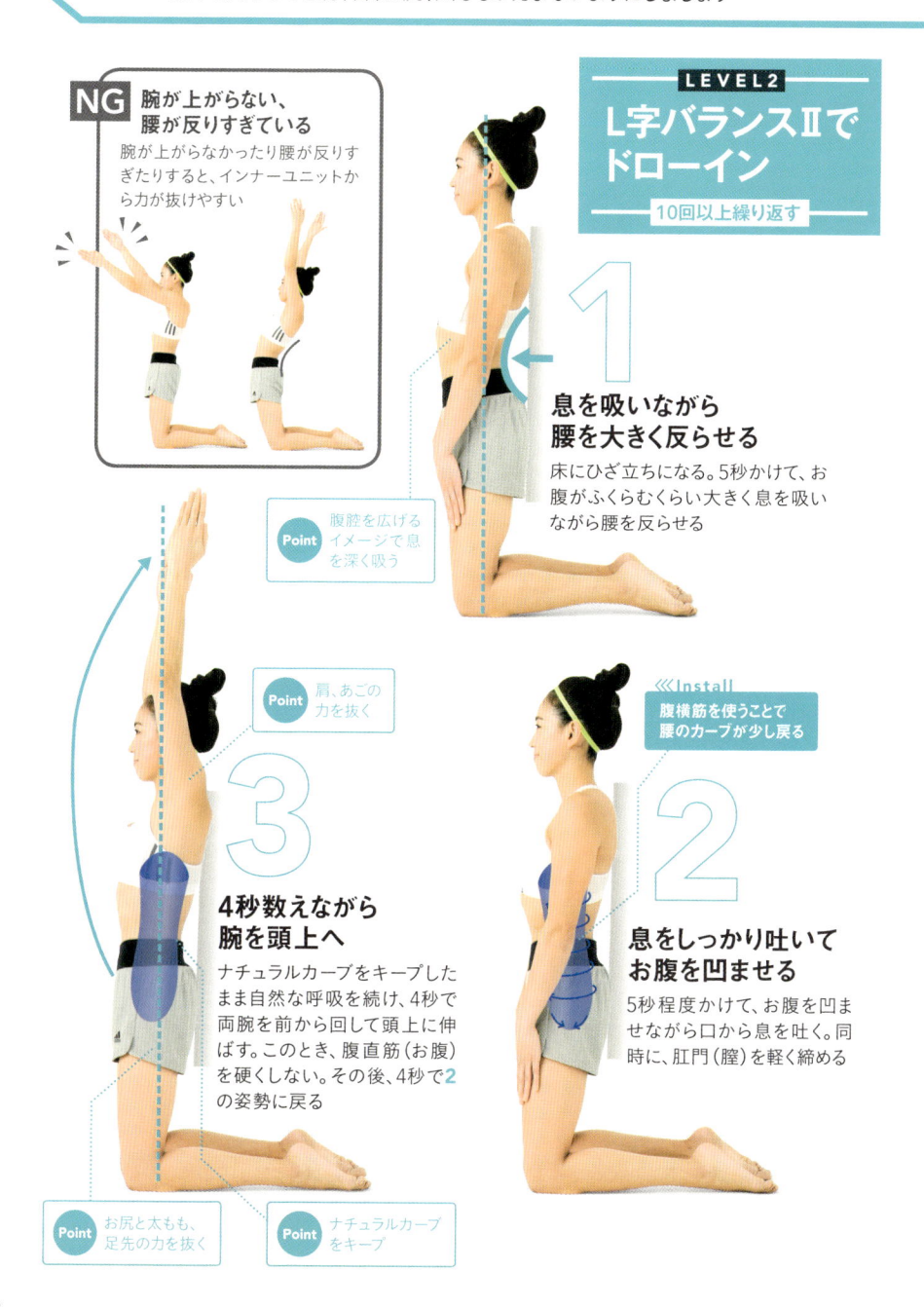

STEP 4

腕立ちでインナーユニットを作動させ続ける

LEVEL1
腕立ちIでドローイン
10回以上繰り返す

Point 肩、あごの力を抜く

1
息を吸いながら腰を大きく反らせる
イスの座面に手をつき、頭からかかとまでを一直線にする。5秒かけて、お腹がふくらむくらい大きく息を吸いながら腰を反らせる

closeup

腰を反らせる
インナーユニット

腹腔を広げるイメージで息を深く吸い、腰は大きく反らせる

Install
腹横筋を使うことで腰のカーブは少し戻る
Point 肩、あごの力を抜く

2
息をしっかり吐いてお腹を凹ませる
5秒程度かけて、お腹を凹ませながら口から息を吐く。同時に、肛門（膣）を軽く締めていく

closeup

腰を動かすのではなく、息を吐くにつれて腰のカーブが自然に戻る

Install
骨盤底筋群を連動させる（肛門・膣を締める）

成功者たちが語る インナーユニットが常時作動するまで

毎日寝る前に行い、1週間で何となく感覚がつかめた。長い時間かけて息を吐くことを繰り返すうちに、やっと腹横筋が入ることを実感できたが、1か月後にはすぐに入るようになった（インストラクター／男性）

週3回5年間、とにかく反復練習。疲れるまで動いた後のドローインで、お腹を絞る動作を繰り返すことでコツをつかめた（ダンサー／男性）

つねに下腹を薄くしたまま、腰にコルセットを巻いているイメージで動く。毎日、ウエストサイズが細めの服を着ることでドローインの意識が高まった（インストラクター／女性）

ここからは下半身の動作が加わります。インナーユニットが作動し続けたまま、日常生活のさまざまな動作を行えるようになるステップです

LEVEL2

腕立ちⅡでドローイン

10回以上繰り返す

1

息を吸いながら腰を大きく反らせる

イスの座面に手をつき、頭からかかとまでを一直線にする。5秒かけて、お腹がふくらむくらい大きく息を吸いながら腰を反らせて一方の脚を上げる

Point
肩、あごの力を抜く
Install
骨盤底筋群を連動させる（肛門・膣を締める）
Install
腹横筋を使うことで腰のカーブは少し戻る

2

息をしっかり吐いてお腹を凹ませる

5秒程度かけて、お腹を凹ませながら口から息を吐く。同時に、肛門（膣）を軽く締めていく。もう一方の脚も上げて行う

NG

腰が後ろに引ける、お腹が落ちる

腹直筋に力が入ると腰が引けてしまい、体幹から力が抜けるとお腹は落ちる

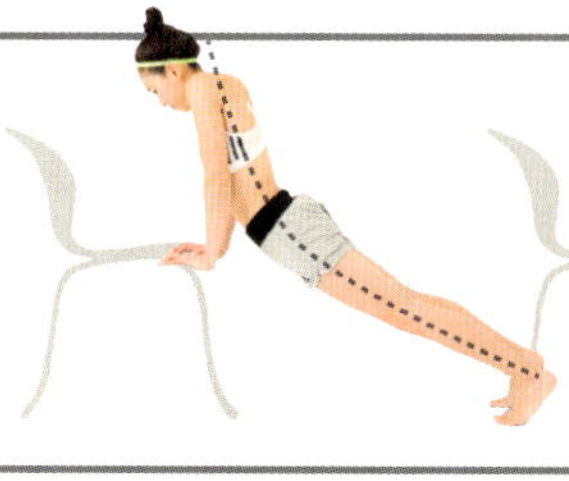

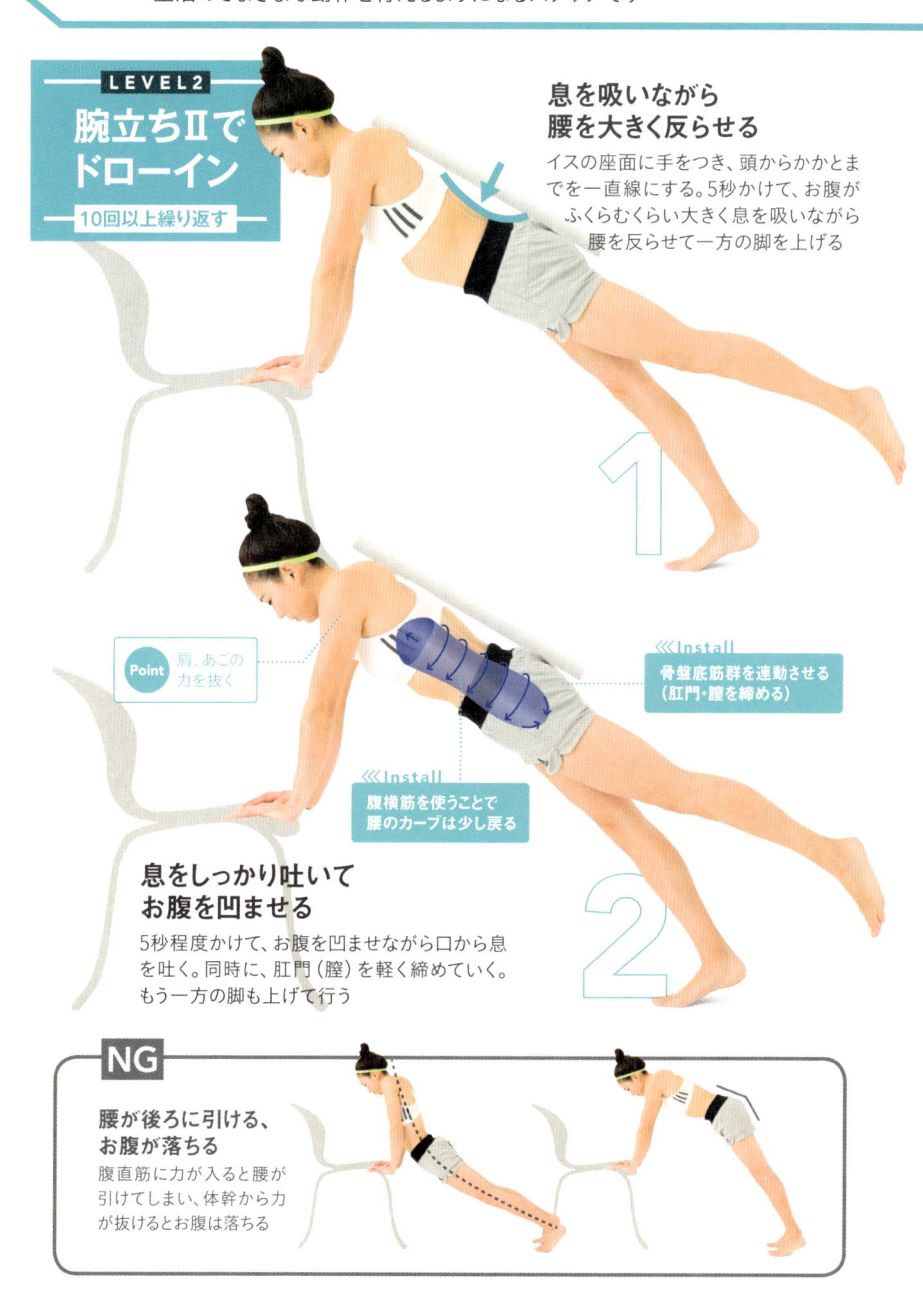

立位でインナーユニットを作動させ続ける

LEVEL1
直立Ⅰでドローイン
10回以上繰り返す

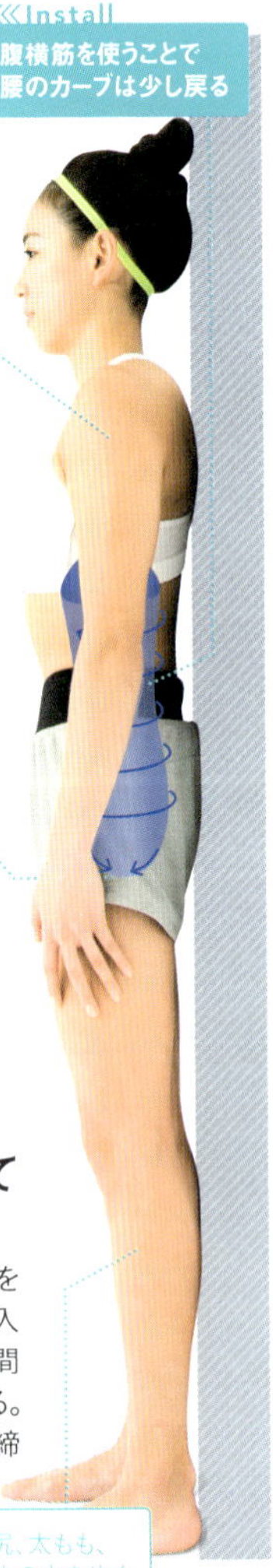
Point 肩、あごの力を抜く
Install
腹横筋を使うことで腰のカーブは少し戻る
Install
骨盤底筋群を連動させる（肛門・膣を締める）
Point お尻、太もも、足先の力を抜く

1
息を大きく吸い腰を反らせる

壁に頭、背中、かかとをつけて立ち、足はこぶし1個ぶん開ける。5秒かけて、お腹がふくらむくらい大きく息を吸いながら腰を反らせる

2
息をしっかり吐いてお腹を凹ませる

5秒程度かけて口から息を吐いていく。腹直筋に力が入らなければ壁と腰のすき間が手1枚ぶんの厚みになる。同時に、肛門（膣）を軽く締める

LEVEL2
直立Ⅱでドローイン
10回以上繰り返す

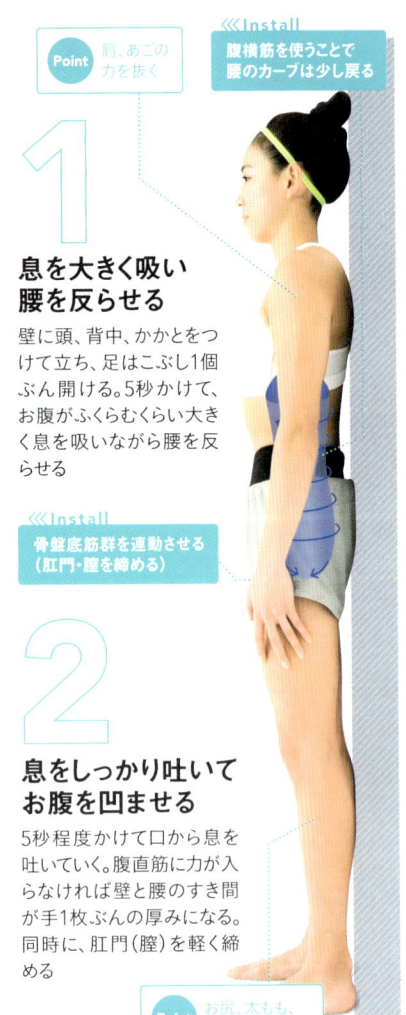

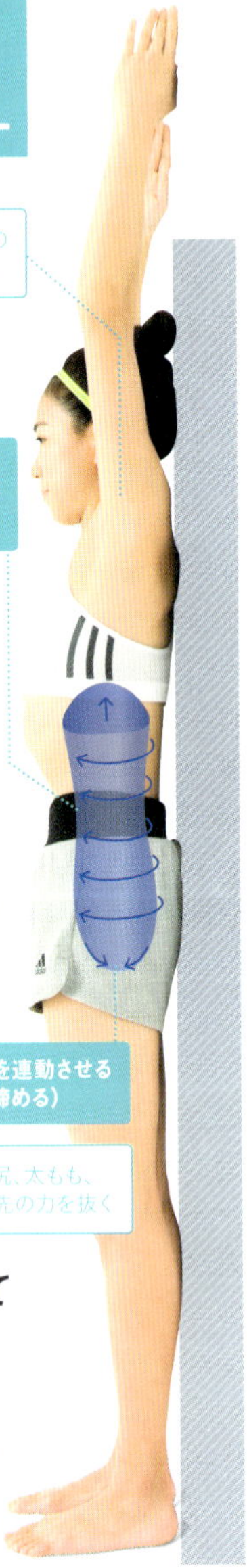
Point 肩、あごの力を抜く
Install
腹横筋を使うことで腰のカーブは少し戻る
Install
骨盤底筋群を連動させる（肛門・膣を締める）
Point お尻、太もも、足先の力を抜く

1
息を大きく吸い腰を反らせる

壁に頭、背中、かかとをつけて立ち、足はこぶし1個ぶん開ける。5秒かけて、お腹がふくらむくらい大きく息を吸いながら腰を反らせる。両手を頭上に伸ばす

2
息をしっかり吐いてお腹を凹ませる

5秒程度かけて口から息を吐いていく。腹直筋に力が入らなければ壁と腰のすき間が手1枚ぶんの厚みになる。同時に、肛門（膣）を軽く締める

手やひざという支えがない状態でインナーユニットを使い続けられるようにするステップです。歩いたり走ったりしても力が抜けない状態をめざしましょう

LEVEL3

T字バランスⅠでドローイン

10回以上繰り返す

1

片脚立ちで腕を左右に伸ばす

一方の脚で立ち、両腕は肩の高さで左右に広げる。軸足のひざを曲げながら上体を前傾させ、もう一方の脚は後ろに。5秒かけて、お腹がふくらむくらい大きく息を吸いながら腰を反らせる

2

息をしっかり吐いてお腹を凹ませる

5秒程度かけて、お腹を凹ませながら口から息を吐く。同時に、肛門（膣）を軽く締めていく。脚を入れ替えて同様に行う

closeup
腰を動かすのではなく、
息を吐くにつれて腰の
カーブが自然に戻る

Install
腹横筋を使うことで
腰のカーブは少し戻る

Install
骨盤底筋群を連動させる
（肛門・膣を締める）

動画でコツを確認

LEVEL4

T字バランスⅡでドローイン

10回以上繰り返す

1

片脚立ちで腕を頭上に伸ばす

一方の脚で立ち、両腕は頭上に伸ばす。軸足のひざを曲げながら上体を前傾させ、もう一方の脚は後ろに。5秒かけて、お腹がふくらむくらい大きく息を吸いながら腰を反らせる

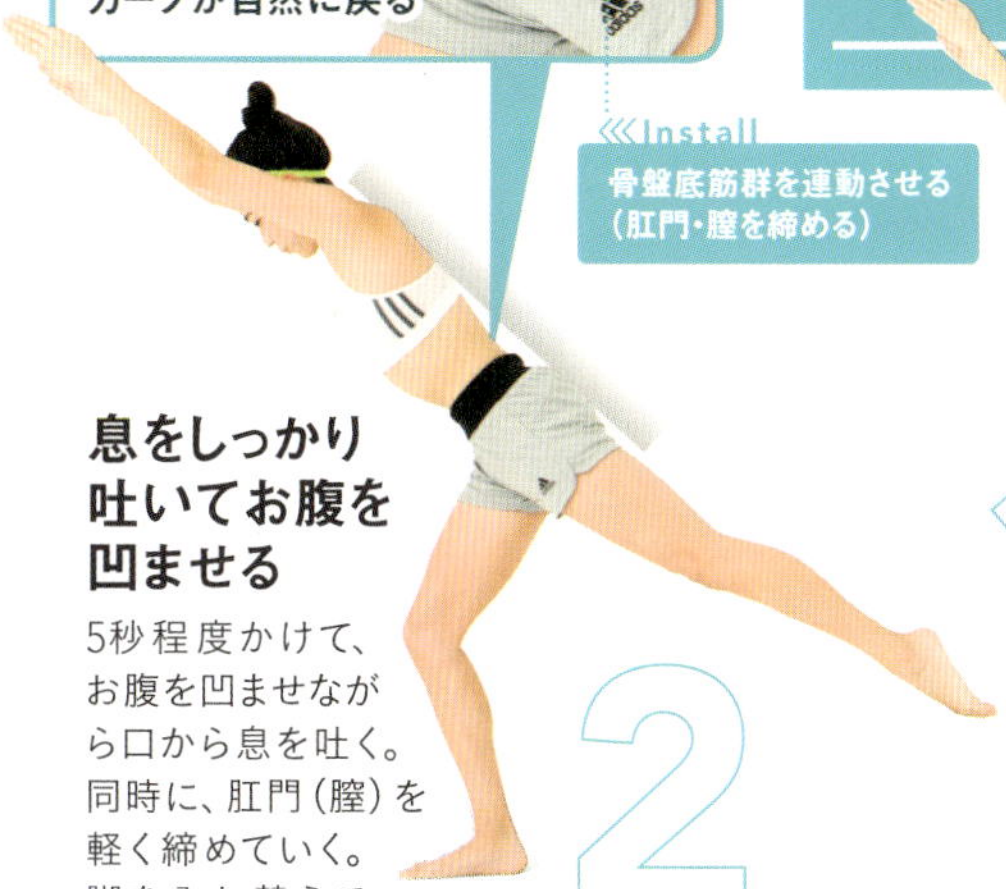

2

息をしっかり吐いてお腹を凹ませる

5秒程度かけて、お腹を凹ませながら口から息を吐く。同時に、肛門（膣）を軽く締めていく。脚を入れ替えて同様に行う

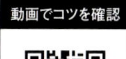

CHECK!!

STEP 3 ひざ立ちドローインまでできると……

インナーユニットを座ったまま作動させ続けられる

STEP3までできるようになったら、日常生活でもまめに実践を。仕事中や電車での移動時、カフェでの休憩時などに、座位でインナーユニットを作動させ続けましょう

1

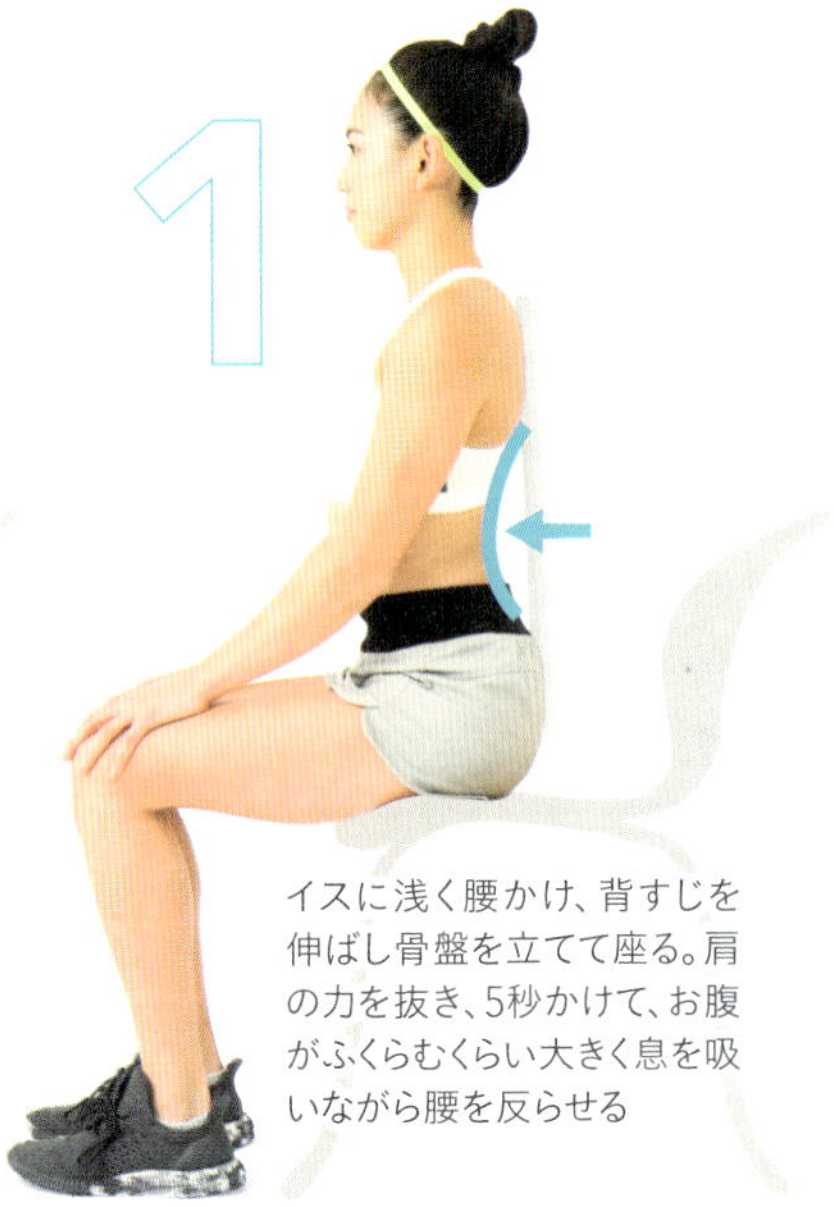

イスに浅く腰かけ、背すじを伸ばし骨盤を立てて座る。肩の力を抜き、5秒かけて、お腹がふくらむくらい大きく息を吸いながら腰を反らせる

2

5秒程度かけて、お腹を凹ませながら口から息を吐く。同時に、肛門（膣）を軽く締める

NG

ドローインすると前かがみになる

前かがみになるのは腹横筋から力が抜けているか腹直筋に力が入っているから。右のアレンジで試しつつ、STEP1以降のトレーニングも続けよう

arrange

ボールを使ってカーブを意識する

腰と背もたれのあいだにスモールボールを挟む。息を吐きながら腰でスモールボールを押すと、ナチュラルカーブを維持しやすい

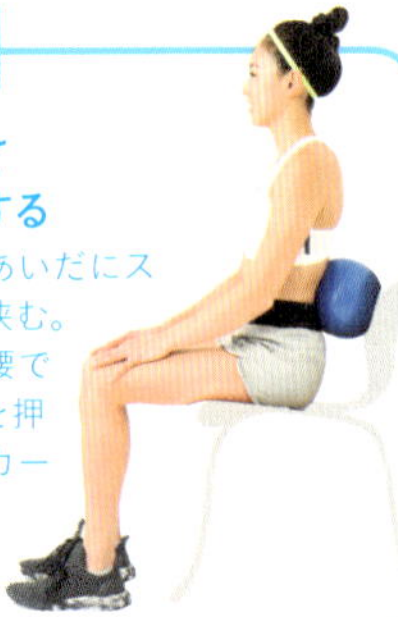

STEP 5 立位でドローインまでできると……

立位や歩行時でもインナーユニットを作動させ続けられる

STEP5までクリアしたら、日常生活のあらゆるシーンでインナーユニットのスイッチをオンにしてみましょう

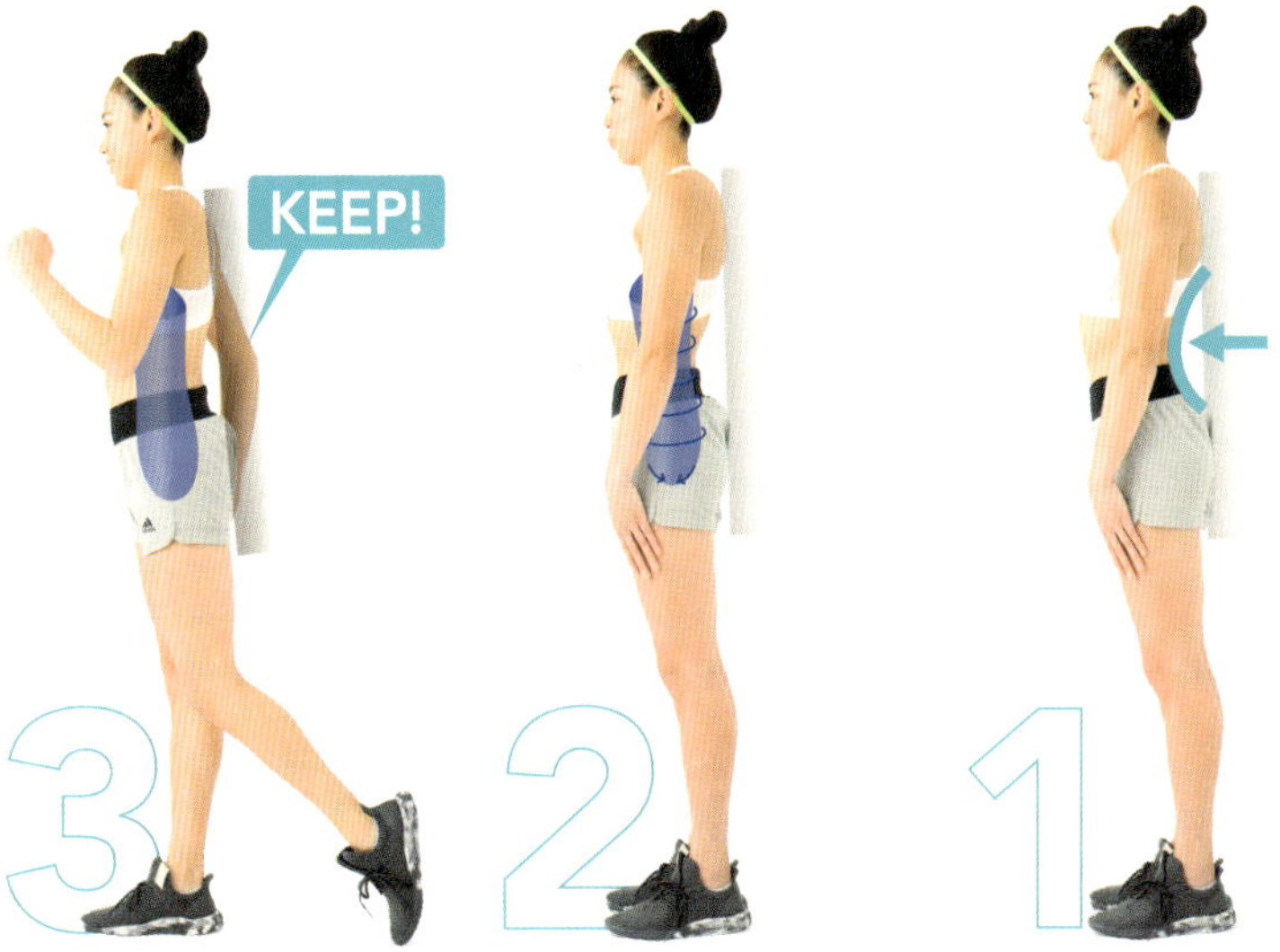

1 5秒かけて、お腹がふくらむくらい大きく息を吸いながら腰を反らせる

2 5秒程度かけて、お腹を凹ませながら口から息を吐く。同時に、肛門（膣）を軽く締めていく

3 インナーユニットに力が入った状態をキープして歩こう

NG

歩いているうちに腰が引けてしまう

インナーユニットをキープする力が足りない。まめにインナーユニットに力を入れ直し、STEP4以降のトレーニングも続けよう

NG

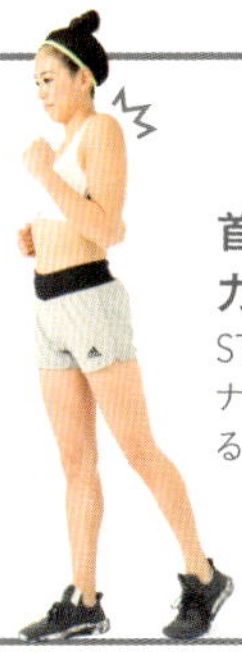

首や肩に力が入っている

STEP4以降を続けて、インナーユニット以外を脱力できるようになろう

インナーユニットを作動させたまま アウターユニットも使いこなす

“体幹スイッチ”をオンにしたまま動く

インナーユニットという体の芯を維持できるようになったら、次は体幹の表層にある力の強い筋肉、アウターユニットを連動させます。体を家に例えると、骨組み（骨格）を安定させる、接合部分の金属にあたるのがインナーユニットを含むインナーマッスルです。しかし接合金属だけでは、激しいゆれに耐えきる、あるいは重たい屋根を支えることができません。そこで粘土やコンクリートで外壁をつくって強度を高める。アウターユニットはこれにあたります。

ＰＡＲＴ２ではインナーユニットを作動させたまま、おもに体幹のアウターユニットを連携させます。腰の反りが強くなったり、力が抜けたりしていたら、インナーユニットが使えていない証拠です。また、もともと表層の筋肉が強い人ほど、インナーユニットを使わずにアウターユニットを含むアウターマッスルを使って動いてしまう傾向があります。これでは、せっかくの体幹の機能を１００％は発揮できません。

コツさえつかめば、インナーユニットという体の芯が機能したままアウターユニットを動かすことの快適さに気づくと思います。「体幹が入っている」ことを意識し、丁寧に行いましょう。

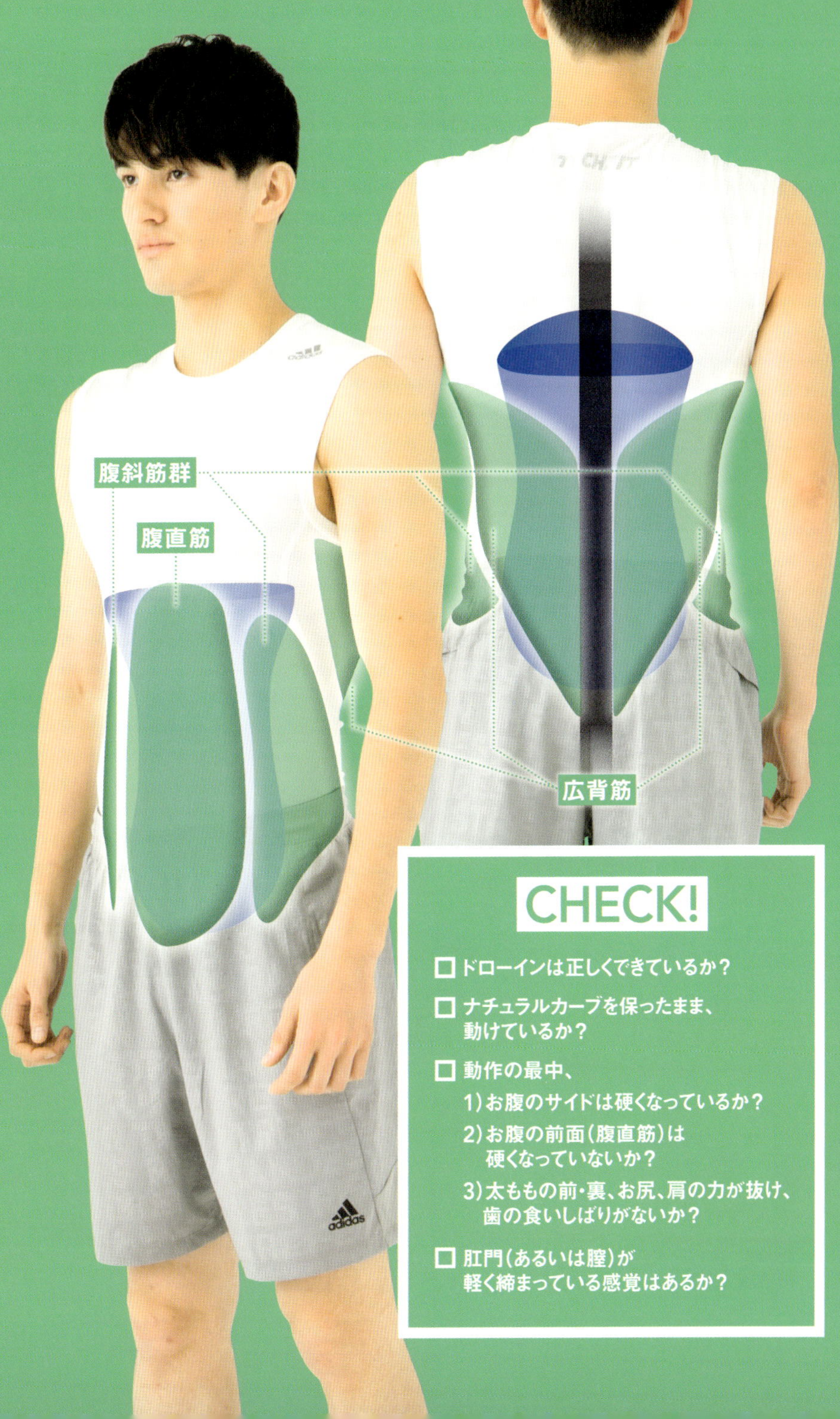

CHECK!

- □ ドローインは正しくできているか？
- □ ナチュラルカーブを保ったまま、動けているか？
- □ 動作の最中、
  1) お腹のサイドは硬くなっているか？
  2) お腹の前面（腹直筋）は硬くなっていないか？
  3) 太ももの前・裏、お尻、肩の力が抜け、歯の食いしばりがないか？
- □ 肛門（あるいは膣）が軽く締まっている感覚はあるか？

STEP 1

動画でコツを確認

腹直筋・腹横筋

バキュームI

20回×2、3セット

1 ひじとひざを床につき インナーユニットを作動させる

両ひじ・両ひざを床につき、ひざを曲げる。ひじは肩の真下に。息を吸いながら腰を大きく反らせたら、息を吐きながら肛門（膣）を軽く締める

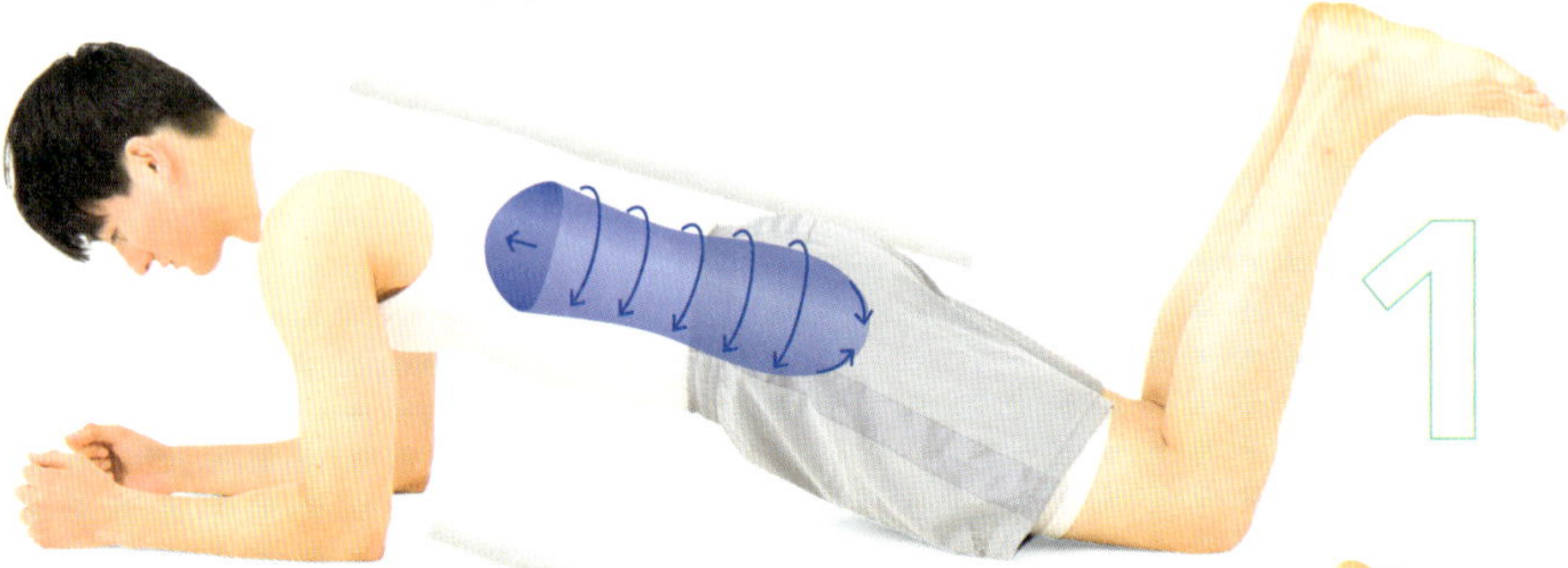

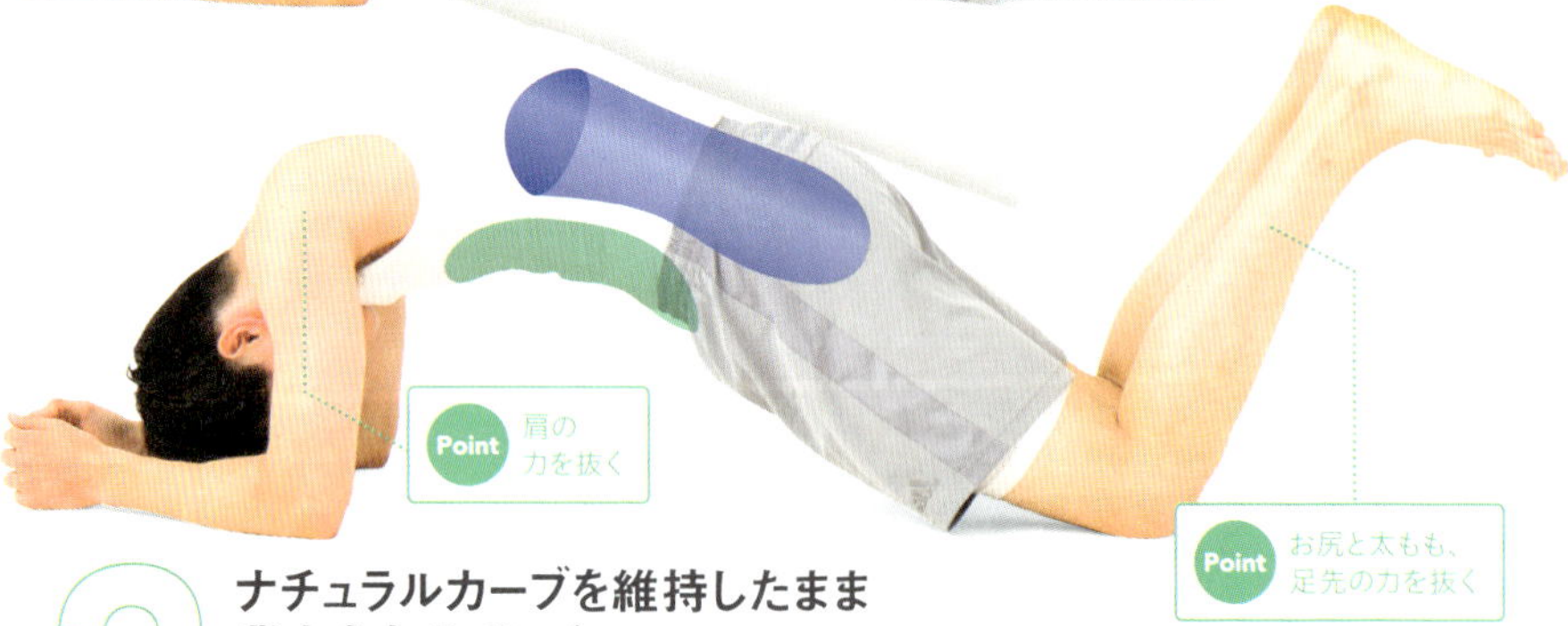

Point
肩の力を抜く
Point
お尻と太もも、足先の力を抜く

2 ナチュラルカーブを維持したまま 背中を丸めていく

息を吐きながら4秒かけて腹部を上に押し上げるイメージで背中を丸めていく。視線はへそに向ける。息を吸い、吐きながら4秒かけて**1**に戻る

NG 腰が後ろに引けている

腰を後ろに引きがち。背中を山なりにしよう

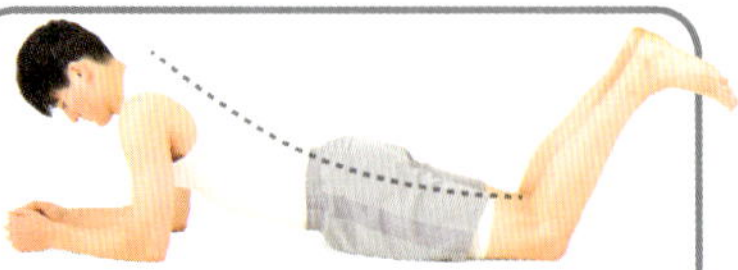

NG 腰が落ちている

体幹が入っていないため腰が落ちている

腹筋群を鍛える定番ですが、インナーユニットを作動させたまま
行うと体幹の安定性が増します

動画でコツを確認

腹斜筋・腹横筋
サイドプランクⅠ
左右各20回×2、3セット

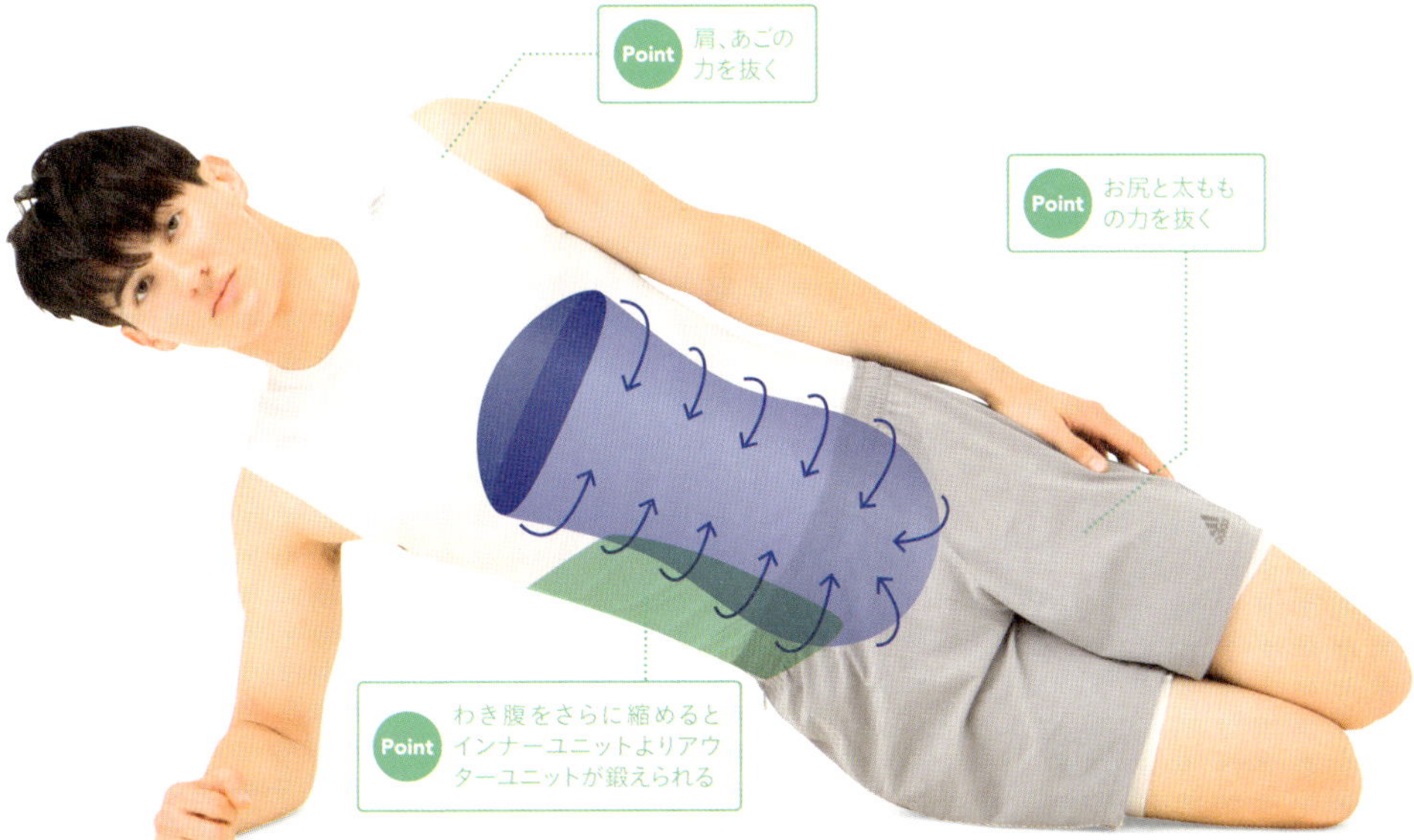
Point
肩、あごの力を抜く
Point
お尻と太ももの力を抜く
Point
わき腹をさらに縮めるとインナーユニットよりアウターユニットが鍛えられる

横向きでひじとひざをつき
インナーユニットを作動させる

横向きになり、下になるほうの肩の下でひじをつく。もう一方の腕は体側に沿わせて伸ばす。両ひざを直角に曲げ、腰を大きく反らせてから、息を吐きながら肛門（膣）を軽く締める。30秒キープ

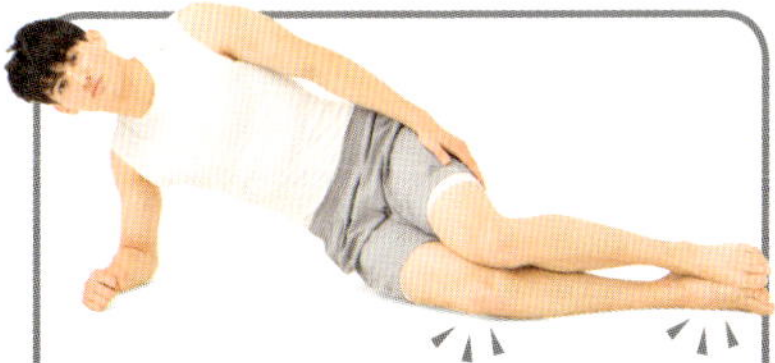

NG　**体より前にひざがある**
脚が前に出ると腰が後ろに引けてしまい、体幹が入らない

NG　**ひじの位置が悪い**
ひじは肩の真下で床につけないと肩を痛めやすい

腹斜筋群
ツイスティングクランチI

左右各20回×2、3セット

1

ひざを立てて一方の脚をかける

床にあお向けになり両ひざを立てて、一方の脚をひざにかける。同じ側の腕は自然に伸ばし、もう一方は頭の後ろに添える。腰を大きく反らせてから、息を吐きながら肛門（膣）を軽く締める

Point 手を頭に添えたほうの腕の肩甲骨が床から離れるまで上体を起こす

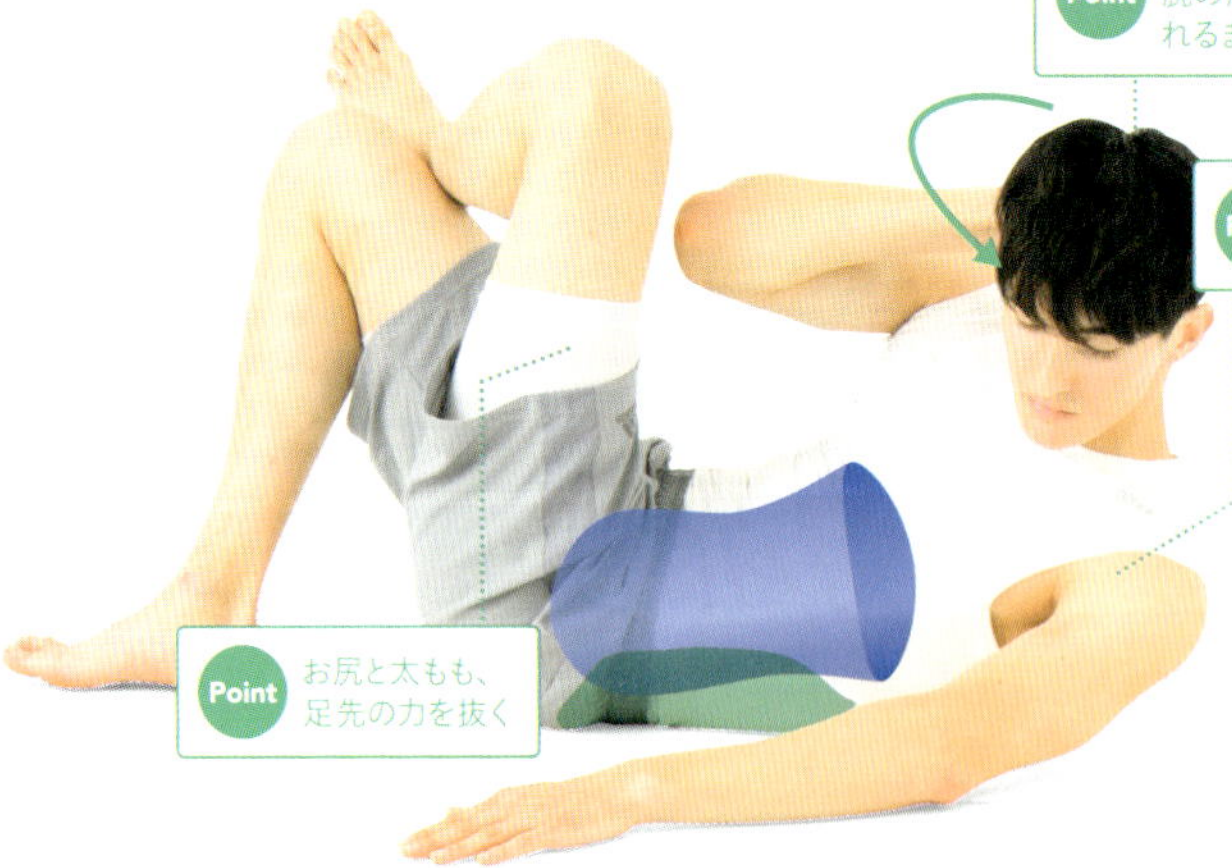

Point 肩、あごの力を抜く

Point お尻と太もも、足先の力を抜く

2

上体を起こしてひじをひざに近づける

息を吐きながら、頭に手を添えた腕のひじを脚にかけたひざに近づけつつ、4秒かけて上体を起こす。息を吸いながら4秒かけて1に戻る

easy

タオルで頭を支える

手で支えるのが難しい人、首が痛い人はタオルを頭にかけて首を支えて行う

hard

両手を頭に添える

腕の重みが加わるぶん負荷が上がる。ひざを立てた側の肩甲骨が床から離れるまで上体を起こす

腰背部筋群
バックエクスステンションⅠ

左右各20回×2、3セット

1 うつぶせで一方の腕を頭上に伸ばす

うつぶせになり一方の腕は頭上に伸ばして手のひらを床につける。もう一方はおでこの下で手のひらを床につける。腰を大きく反らせてから、息を吐きながら肛門（膣）を軽く締める

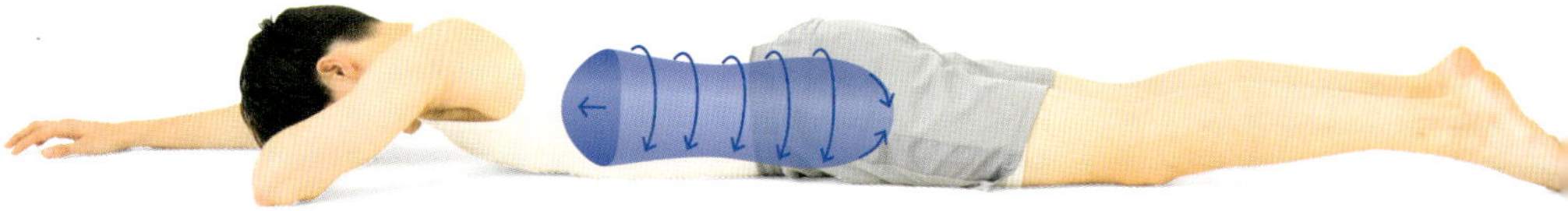

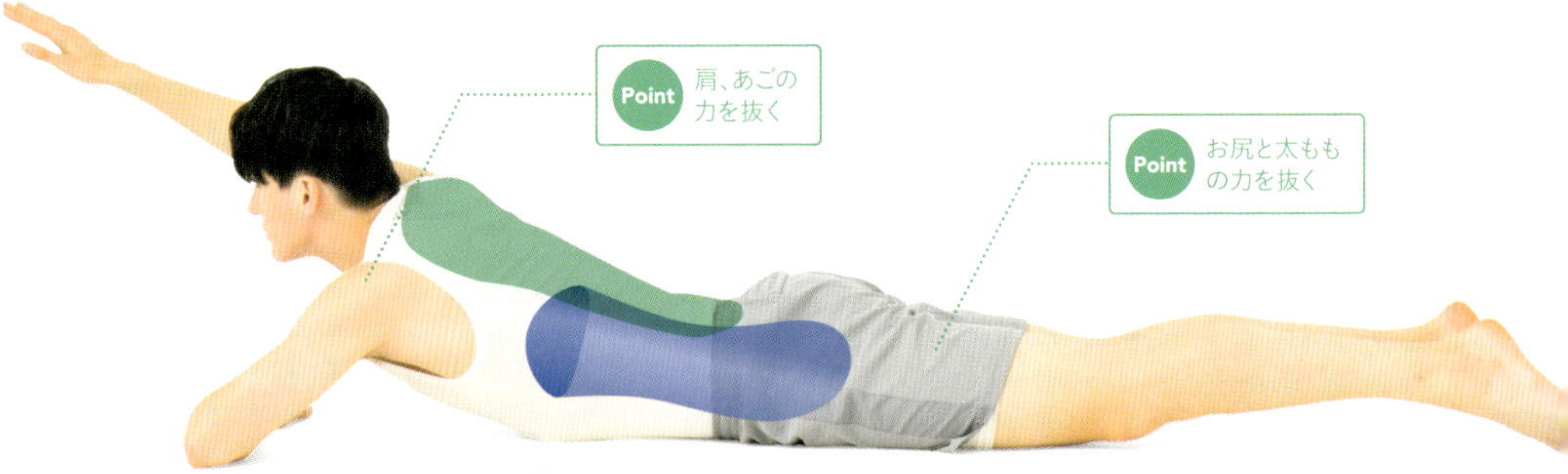
Point 肩、あごの力を抜く
Point お尻と太ももの力を抜く

2 4秒かけて上体を起こしていく

息を吐きながら4秒かけて、上体を起こす。息を吸いながら4秒かけて**1**に戻る

hard

ウエイトを使う

余裕のある人はペットボトルもしくは500g～1kgのダンベルを伸ばしたほうの手に持って行う

STEP 2

腹直筋・腹横筋

バキュームⅡ

20回×2、3セット

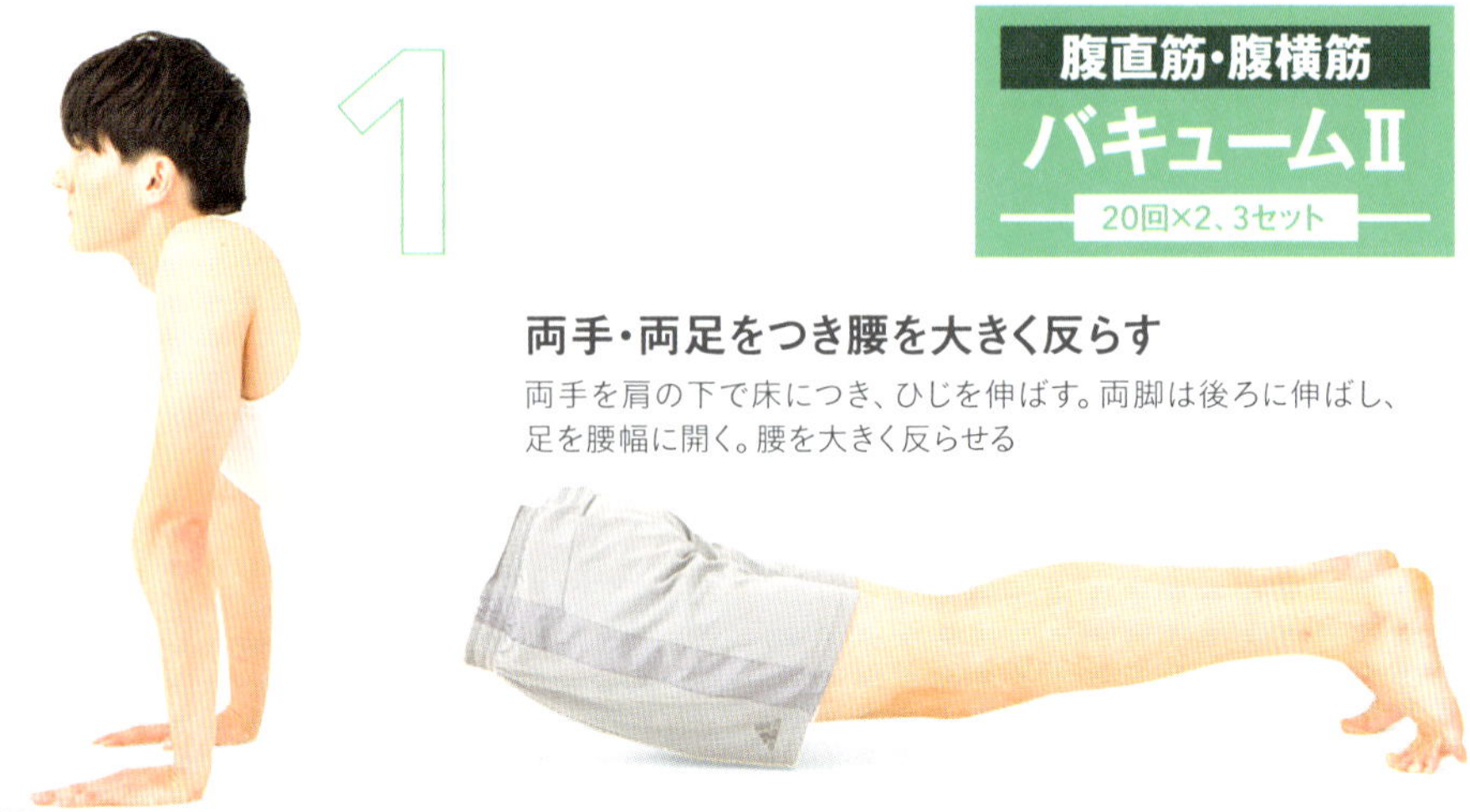

1

両手・両足をつき腰を大きく反らす

両手を肩の下で床につき、ひじを伸ばす。両脚は後ろに伸ばし、足を腰幅に開く。腰を大きく反らせる

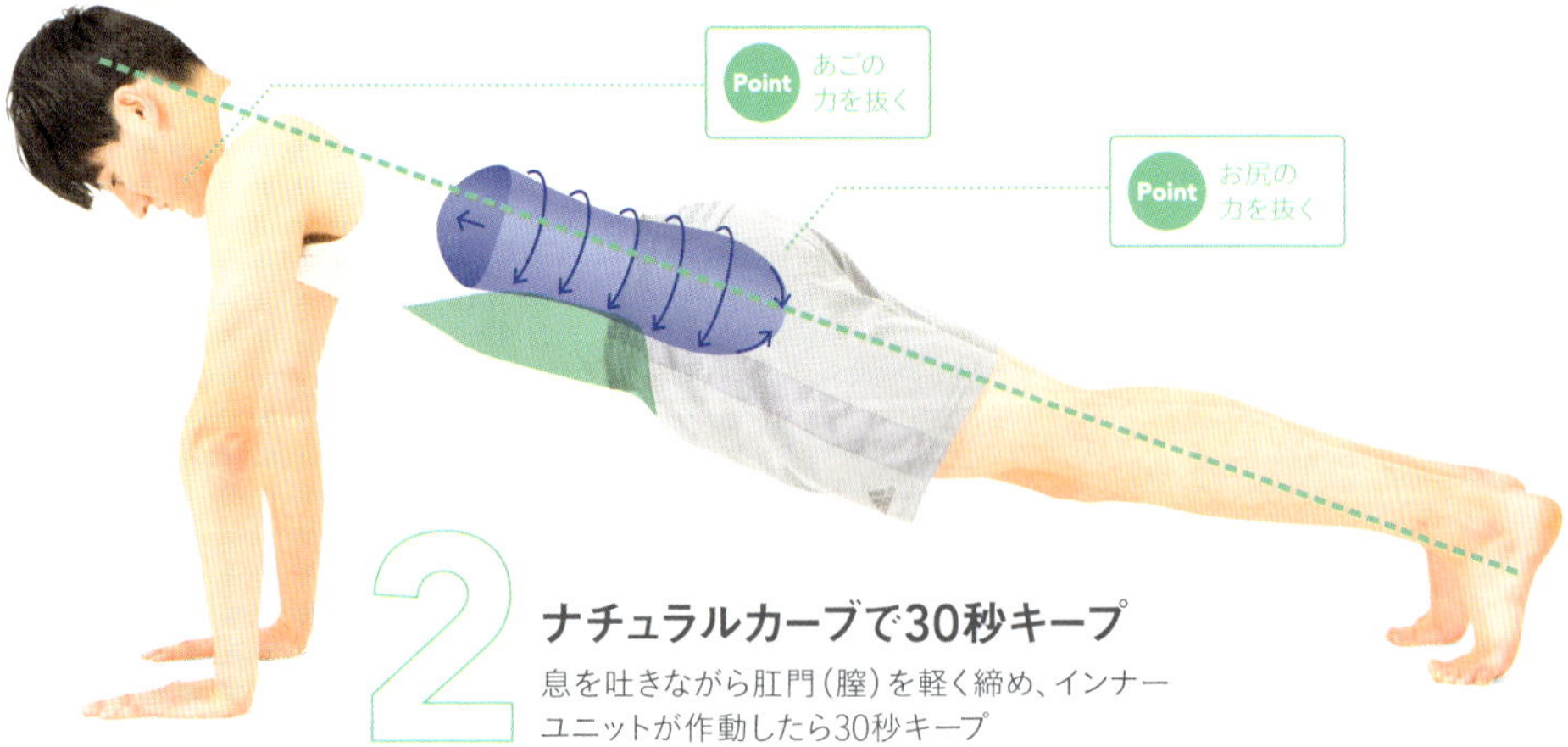
Point あごの力を抜く
Point お尻の力を抜く

2

ナチュラルカーブで30秒キープ

息を吐きながら肛門（膣）を軽く締め、インナーユニットが作動したら30秒キープ

easy

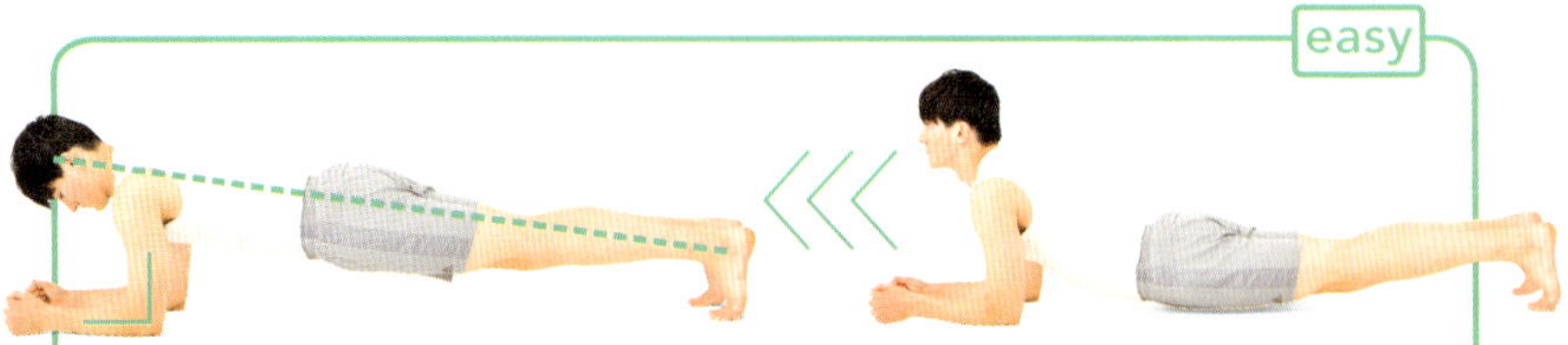

ひじをついた姿勢でナチュラルカーブをキープ

より安定しやすい前腕をついたバージョン

ひざを伸ばしたり姿勢を変えたりして負荷を上げると体幹が抜けやすくなります。
インナーユニットへの意識を途切れさせないようにしましょう

腹斜筋・腹横筋

サイドプランクⅡ

左右各20回×2、3セット

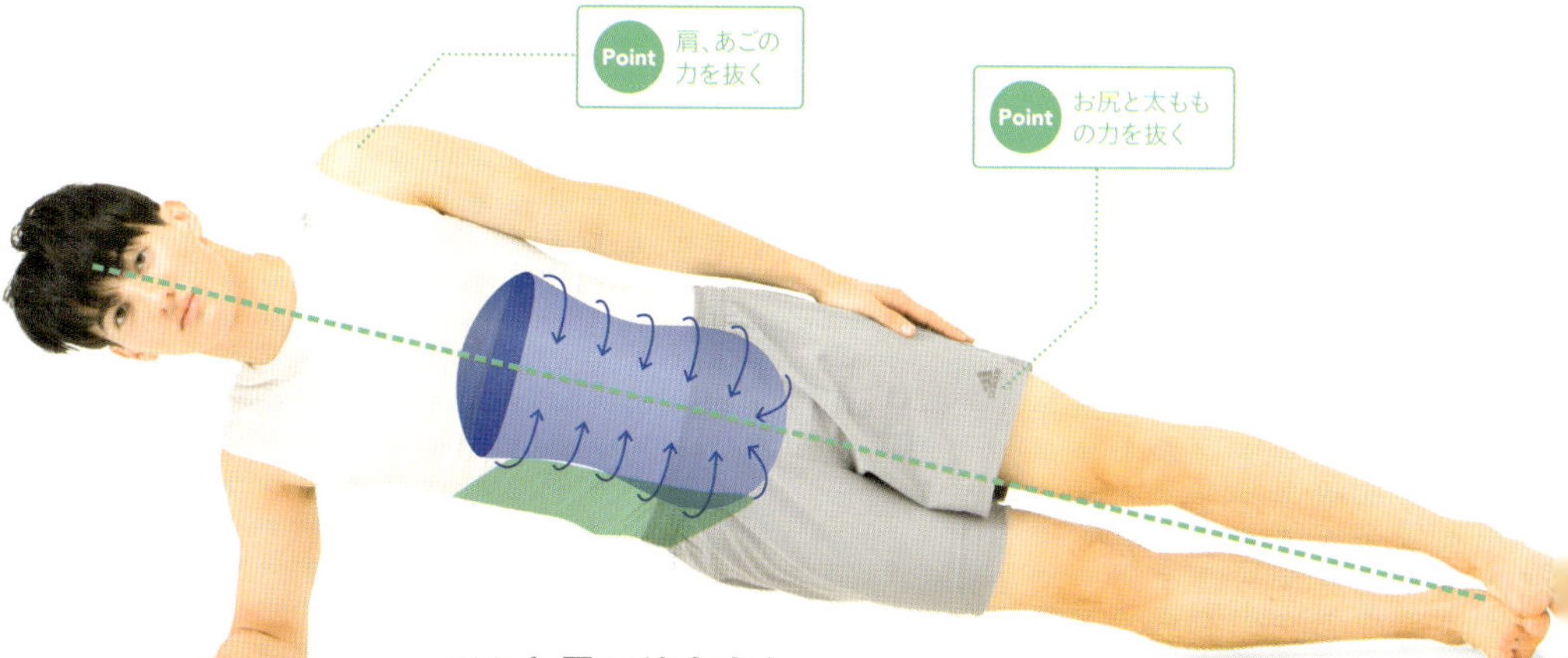
Point 肩、あごの力を抜く
Point お尻と太ももの力を抜く

ひじと足で体を支え ナチュラルカーブにする

横向きになり、下になるほうの肩の下でひじをついて、両脚は伸ばして重ねる。腰を大きく反らせてから、息を吐きながら肛門（膣）を軽く締める。30秒キープ

NG

ひじの位置が遠い

ひじの位置が遠いと肩の負担が増す。姿勢が安定せず肩も痛めやすい

NG

腰が落ちている

体幹が抜けている。頭から足先まで一直線に保とう

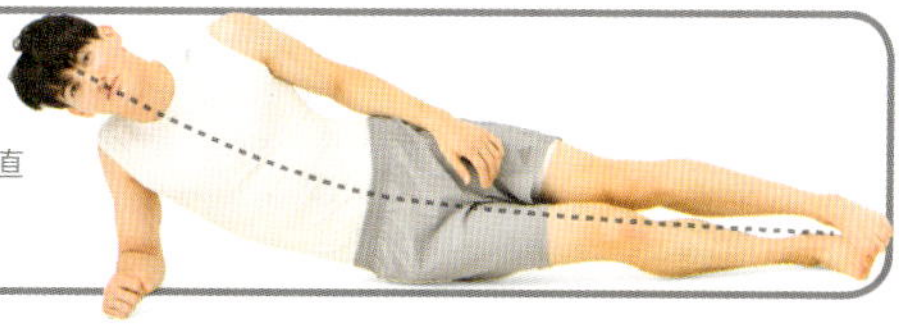

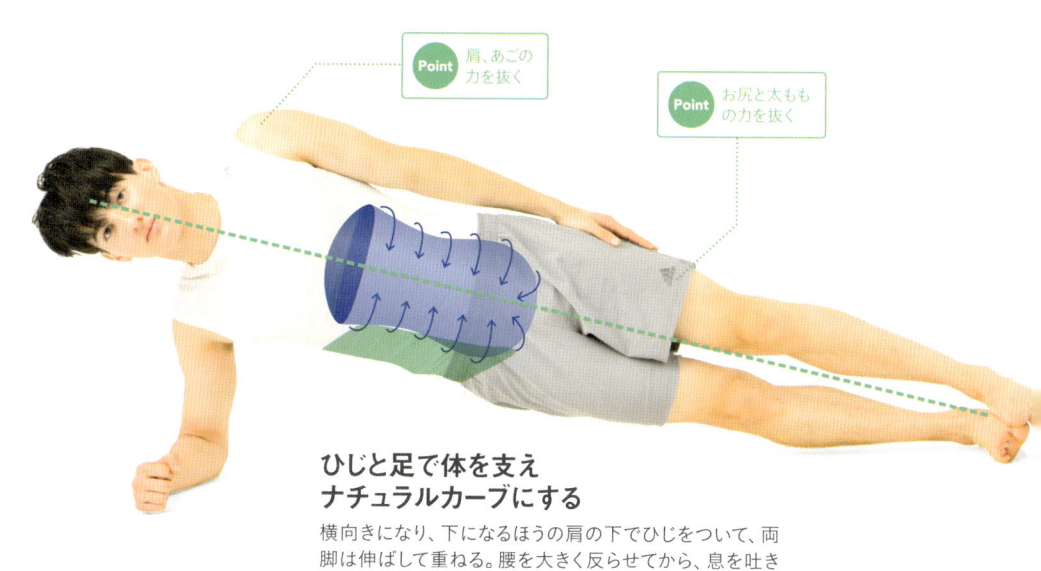

腹斜筋群
ツイスティングクランチⅡ

左右各20回×2、3セット

1 脚を揃えて ひざを直角に曲げる

床にあお向けになり手を頭の後ろで組む。脚を揃えてひざを90度に曲げ、一方に倒す。インナーユニットを作動させる

2 肩甲骨が床から離れるまで上体を起こす

息を吐きながら4秒かけて、肩甲骨が床から離れるまで上体を起こす。このとき、腹斜筋を意識する。息を吸いながら4秒かけて1に戻る

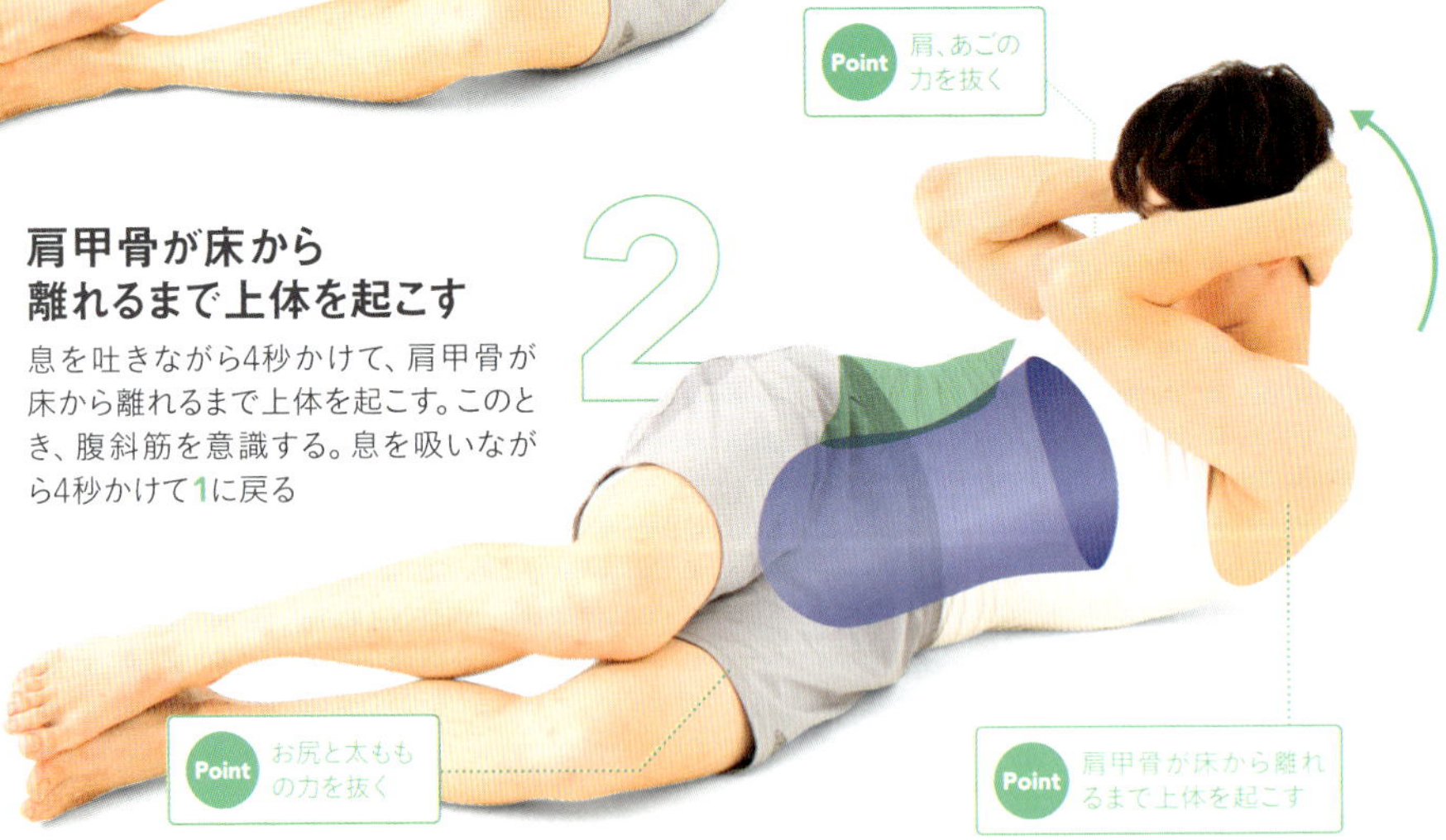
Point 肩、あごの力を抜く
Point お尻と太ももの力を抜く
Point 肩甲骨が床から離れるまで上体を起こす

NG **ひざが開いている**
ひざが開くと上体のひねりが浅くなり、効果的に腹斜筋を刺激できない

NG **上体をひねっていない**
上体をひねってから起こさないと、腹斜筋でなく腹直筋に効いてしまう

腰背部筋群
バックエクステンションⅡ
左右各20回×2、3セット

1

うつぶせで上体をイスの座面に乗せる
うつぶせでイスの座面に上体を乗せ、一方の手は胸の下で座面に手のひらをつく。もう一方の手でペットボトル（またはダンベル）を持ち、腕を伸ばしたらインナーユニットを作動させる

2

4秒かけて上体を起こしていく
息を吐きながら4秒かけて、背中を反らせていく。かかとから手が一直線になるまで起こしたら、息を吸いながら4秒かけて1に戻る

Point 肩、あごの力を抜く

Point お尻と太ももの力を抜く

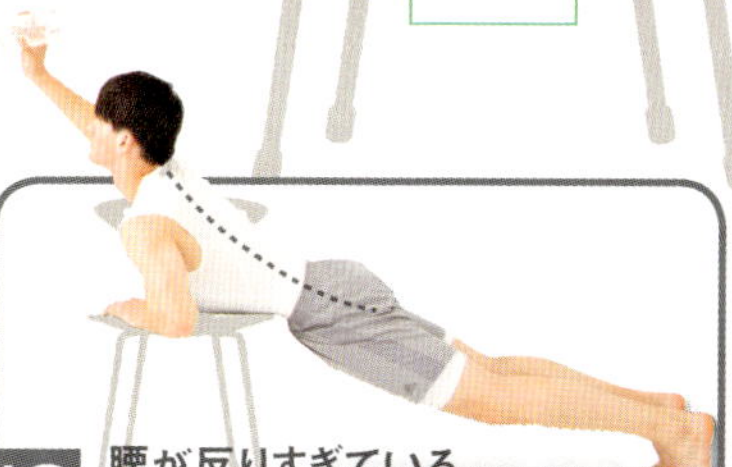

NG
腰が反りすぎている
腰が過剰に反ると、インナーユニットの力が抜けてしまう

hard
一方の脚を上げる
伸ばした腕と対角線上の脚を持ち上げると、より不安定な姿勢になり強度が上がる

不安定さや強度がさらに上がります。その状態でインナーユニットの力が抜けないようになれば、全身の安定感がかなり増します

STEP 3

腹直筋・腹横筋

バキュームⅢ
（バランスボール）

20回×2、3セット

1

すねをバランスボールに乗せる

両手は肩の下で床につく。両脚は後ろに伸ばし、すねから足の甲をバランスボールに乗せる。インナーユニットを作動させる

2

お腹を押し上げて背中を丸めていく

息を吐きながら4秒かけて背中を丸めていく。息を吐きながら4秒かけて**1**に戻る

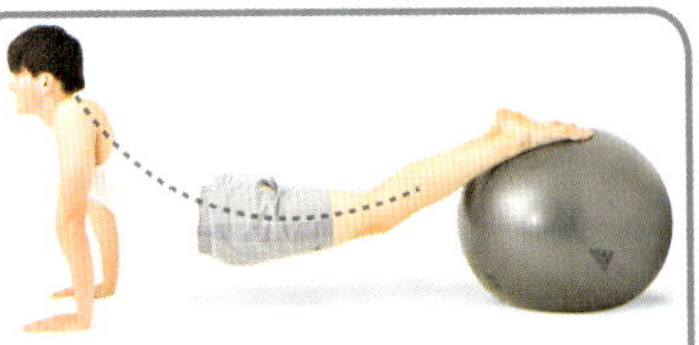

NG **腰が落ちている**

インナーユニットという体の芯がないと腰が落ちる。この姿勢は腰を痛めやすいので注意しよう

easy

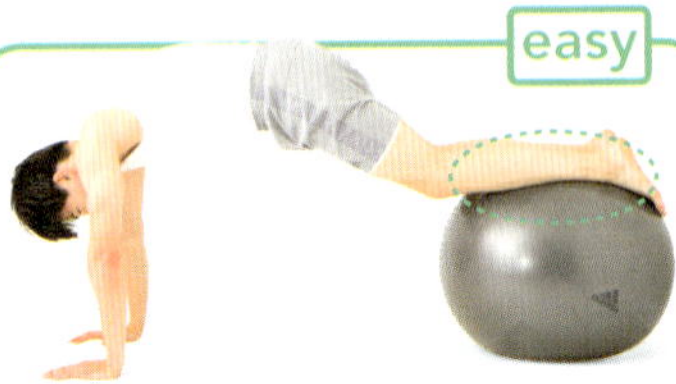

ボールの位置を手前にする

ボールをやや上体の近くに持ってきて行うと、腹直筋を大きく縮めなくていいし脚の安定感も増す

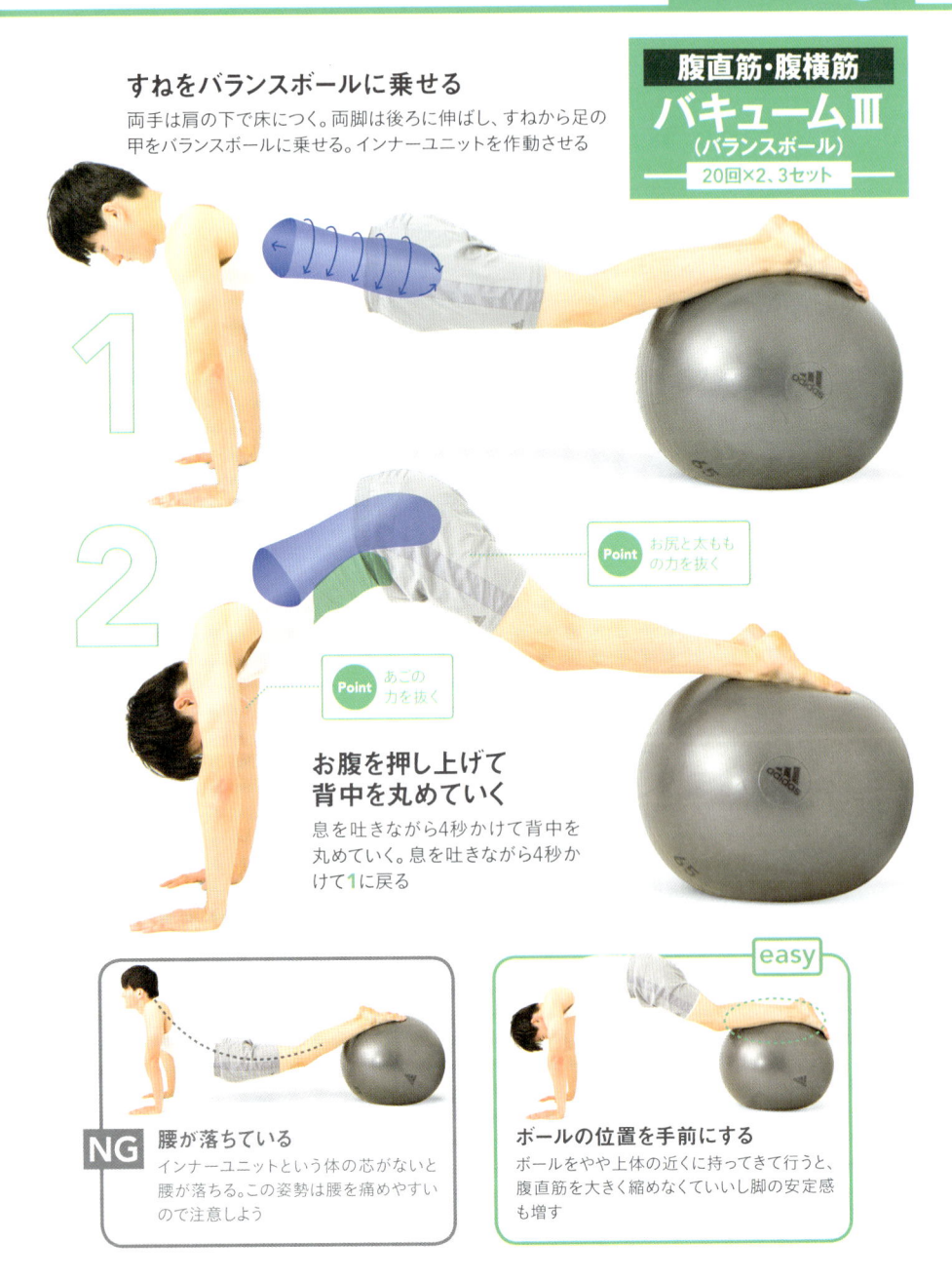

腹斜筋・腹横筋

サイドプランクⅢ

左右各20回×2、3セット

一方の手と足で体を支え インナーユニットを作動させる

横向きになり、下になるほうの手は肩の下で床につく。もう一方の手は、天井方向に。腰を大きく反らせてから、息を吐きながら肛門（膣）を軽く締めてインナーユニットを作動させる。4秒キープ

Point お尻の力を抜く
Point あごの力を抜く

NG

腰が落ちている

体幹の力が抜けている。頭から足先まで一直線をキープしよう

NG

顔が下を向き 腰の位置が高い

顔は下を向き腰が上がりすぎるとインナーユニットの力が抜ける。頭から足先まで一直線を保とう

腹斜筋群
ツイスティングクランチⅢ

左右各20回×2、3セット

脚を揃えて ひざを直角に曲げる

床にあお向けになり、一方の手を頭の後ろに添えて、もう一方は手のひらを床につく。ひざを揃えて90度に曲げ、一方に倒す。インナーユニットを作動させる

肩甲骨が床から 離れるまで上体を起こす

息を吐きながら4秒かけて、肩甲骨が床から離れるまで上体を起こす。同時に両脚を床から浮かせる。このとき腹斜筋を意識。息を吸いながら4秒かけて**1**に戻る

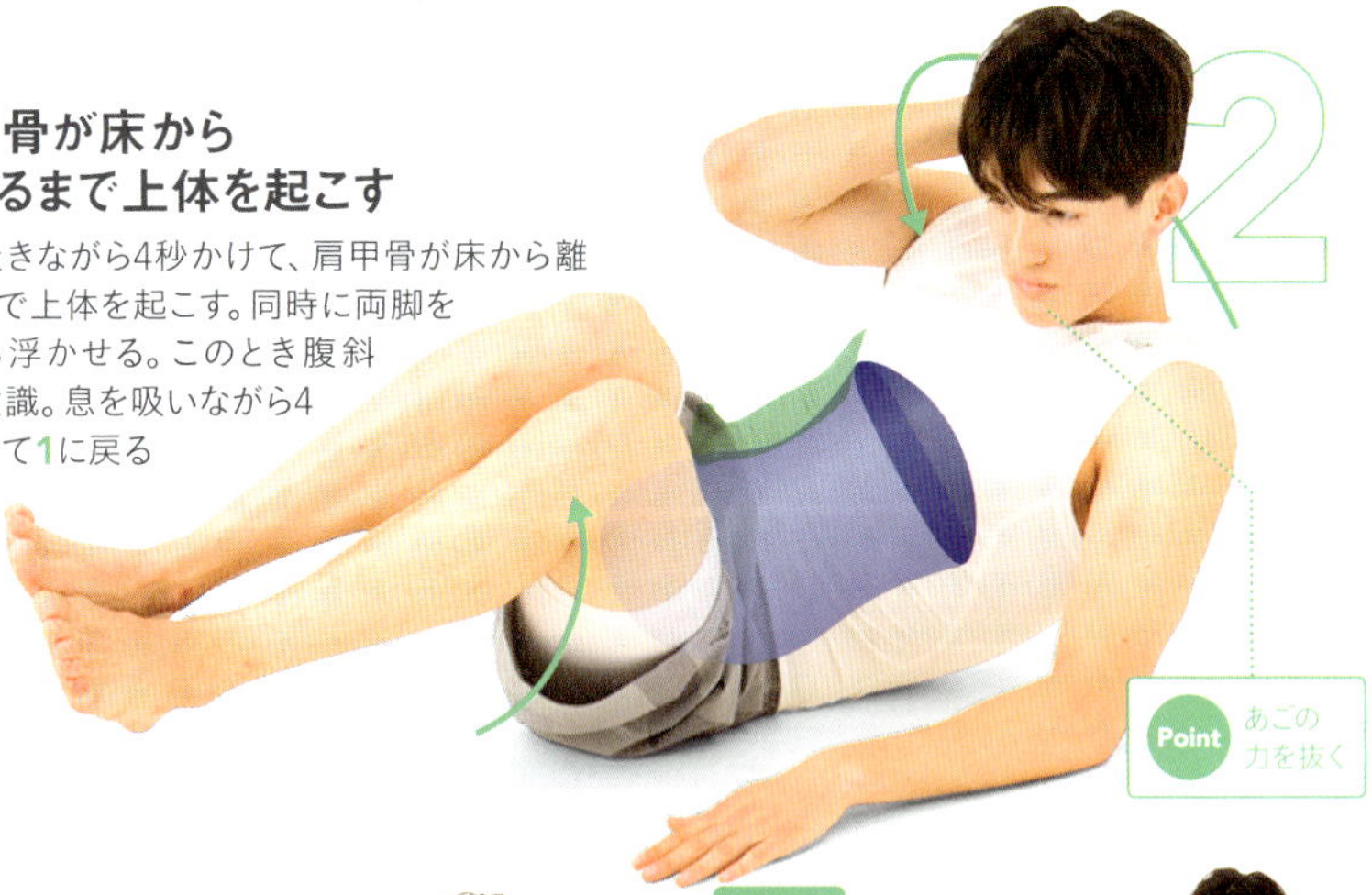

NG **ひざが開いている**

ひざが開くと上体のひねりが浅くなり、効果的に腹斜筋を刺激できない

hard

ひざでボールを挟む

スモールボールをひざで挟んで行うと、内転筋を使うぶん強度が上がる

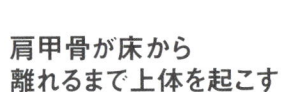

腰背部筋群

バックエクステンションⅢ（バランスボール）

20回×2、3セット

1

うつぶせで上体をボールに乗せる

うつぶせでバランスボールに上体を乗せる。両脚は後ろに伸ばし足はやや左右に開く。両手にそれぞれ1～2ℓのペットボトル（または1～2kgのダンベル）を持つ。インナーユニットを作動させる

2

4秒かけて上体を起こす

腰を大きく反らし、息を吐きながら肛門（膣）を軽く締めて上体がまっすぐになるまで持ち上げる。息を吐きながら4秒かけて、上体を起こしながら伸ばした腕を上げていく。かかとから手が一直線になるまで起こしたら、息を吸いながら4秒かけて1に戻る

Point
あごの力を抜く
Point
お尻と太ももの力を抜く

easy

足の裏を壁につける

足の裏を壁につけて行うと体が安定し、難易度が下がる

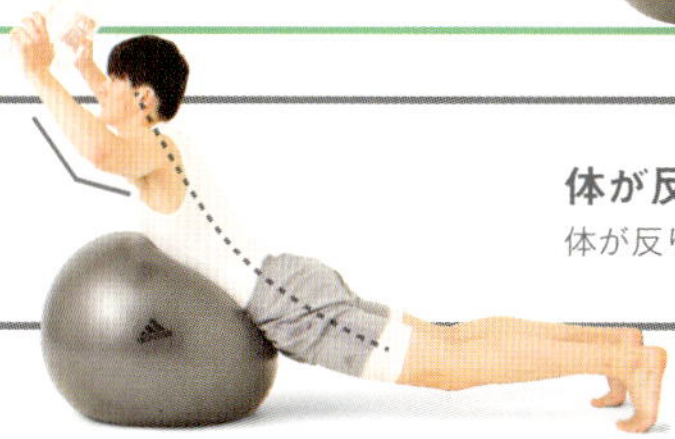

体が反りすぎている

体が反りすぎると、インナーユニットの力が抜ける

NG

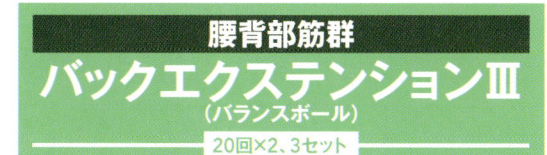

COLUMN 2

体幹が入るか入らないかは メンタルの状態にも左右される

個人差はあるものの、インナーユニットは人体の構造上、正しい姿勢（脊柱がナチュラルカーブを描く姿勢）のときに最も入りやすくなります。ところが人は、悩んだり落ち込んだりすると、姿勢までくずれてうつむきがちに。これは心因的に「体の力が抜ける」という状態です。こうなると、普段は入っていたはずの体幹が入らなくなることが起こり得るわけです。

トップアスリートたちでも突然、体幹を使えなくなる瞬間に出くわします。よく話を聞いてみると、試合で思うように成果が出ず自信を失っていたり、前の練習でうまくいかなかったりするなど、メンタル面でマイナスの状態になっていることが多い。ときには「寝坊し集合時間に遅れて監督に怒られた」など、ちょっとしたことが強く影響する場合もあります。深刻な状態が続くと、たとえばシュートがまったく入らなくなるなど、スランプに陥る原因にも。

心と身体はとても密接に関係しています。どんなに能力があり、いい練習をして、いい筋肉をつけて、戦術に長けている選手でも、メンタルの状態一つでこれまで通りには体幹を使えなくなり、力を発揮できなくなることがあります。選手が調子やフォームをくずすと練習方法やトレーニング内容について議論が集中しがちですが、じつはメンタルの影響も非常に大きいのです。

CHAPTER 3

世界一効く体幹トレーニング

腹を凹ませたい人の
トレーニングプログラム

正直なところ体幹トレーニングに、お腹の脂肪を落とす効果は期待できません。ただ、体幹トレーニングをすると腹横筋の力で一時的にお腹は引き締まるので、体は変えられるという自信をつけたり運動のモチベーションを高めたりする効果はあると思います。ベーシックな種目（P74〜参照）を試してみるのもいいでしょう。

効率的に脂肪を落としてしっかりお腹を凹ませるなら、筋肉を増やすことで「やせやすい体」をつくるか、有酸素運動で体脂肪を燃やすのがおすすめです。

このプログラムでは大腿四頭筋、ハムストリングス、大臀筋といった、下半身の大筋群を中心に鍛えることで効率的に筋肉を増やし、代謝のいい体をつくっていきます。最後の種目では上半身も同時に刺激。どれも楽にできるものより、ちょっとキツめの種目をこなしたほうが筋肉はつきやすいので、自分に合った負荷で取り組んでください。20回×2、3セットを基本としていますが、最終的には倍のセット数をめざします。最初のワンレッグスクワット❶をこなせるようになったら、❷にレベルアップしましょう。

有酸素運動のほうが続けやすそうであれば、ジョギングやウォーキングを取り入れるのもいいでしょう。

体脂肪が増えるおもな原因は、消費エネルギーより食事から摂取したエネルギーが大きいことにあります。食事内容も見直したほうが効率的に体脂肪を落とせるので、肥満につながりやすい脂質、砂糖、アルコールの摂取量のコントロールを、特に意識しましょう。

有酸素運動
▶P111

＋

上半身の筋トレ
（肩、胸、お腹）
▶P110

＋

下半身の筋トレ
（太もも、お尻、ふくらはぎ）
▶P108

体幹トレーニング ▶ 一時的にお腹は凹むが、脂肪が落ちるわけではない

ワンレッグスクワット ❶

太ももとお尻という大きな筋肉を狙って鍛える

筋トレ 左右各20回×2、3セット

1 一方の足を前に踏み出しひざを90度に曲げる

一方の足を大きく一歩前に踏み出し、腰を落としてひざを90度くらいに曲げる。背すじは伸ばしたまま太ももに手をつく

NG

ひざがつま先より前に出る

前脚のひざがつま先より前に出ると、ひざ関節を痛めやすい

Point 背すじを伸ばしたままひざを伸ばす

2 前足に体重をかけ4秒かけてひざを伸ばす

前足に体重の8割程度、後ろ足に2割程度かけ、息を吐きながら4秒かけてひざを伸ばし、伸ばしきる手前で止める。息を吸いながら再び4秒かけて**1**に戻る。反対側も同様に

easy

足の前後幅をせばめる

足の前後幅を狭くすると前脚にかかる負荷が減る

腹を凹ませたい人のトレーニングプログラム

ワンレッグスクワット❷

全体重を片脚にかけることで強烈に刺激する

筋トレ 左右各20回×2、3セット

NG

ひざがつま先より前に出る

前脚のひざがつま先より前に出ると、ひざ関節を痛めやすい

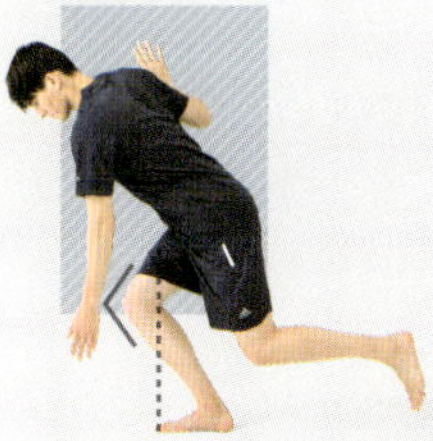

easy

後ろ足を床について行う

後ろ足を床につくとグラつきにくくなり、負荷も下がる

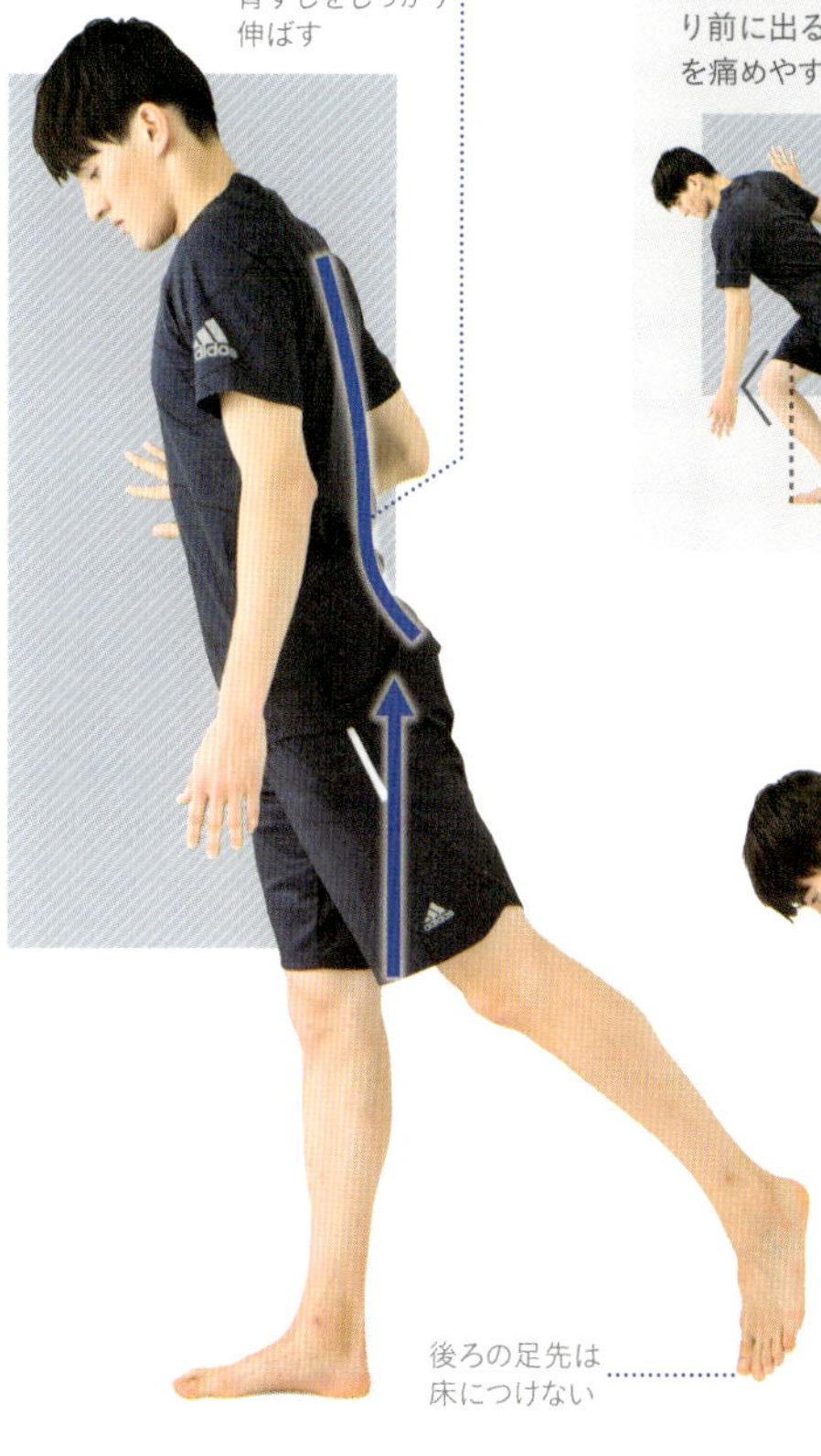
背すじをしっかり伸ばす
後ろの足先は床につけない

脚の可動域を広げるために床に指をつく

1 一方の手を壁につき片足立ちで腰を落とす

横の壁に手をつき、壁側で片足立ちしているひざを90度に曲げていく。壁から遠いほうの腕は床に指をつく

2 4秒かけて壁側のひざを伸ばす

息を吐きながら4秒かけてひざを伸ばしきる。息を吸いながら再び4秒かけて**1**に戻る。反対側も同様に

プッシュアップ&バキューム（ワイドスタンス）

全身を一気に連動させ強度を上げる

筋トレ 20回×2、3セット

1 腕立て伏せの体勢になり両手&両足で姿勢を支える

うつぶせになって肩幅よりもやや広い位置に手をつき、脚は後ろに伸ばして腰幅に開く。胸が床に触れるまで、ひじを深く曲げる

2 腹部を押し上げるように上体を持ち上げる

息を吐きながら、4秒かけてつま先立ちになるまで上体を高く上げる。お腹を押し上げるイメージで行い、視線はおへそに。息を吸いながら4秒かけて**1**に戻る

hard

イスなどに足を乗せる

足をイスの座面に乗せることで、より上半身にかかる負荷が増す

easy

ひざをつく

ひざをつくことで、まっすぐな姿勢を維持しやすくなり、全身にかかる負荷も下がる

最速でガッツリ腹を凹ませるなら

有酸素運動+食事の見直しは必須

出ている腹を“出せる腹”にするには脂肪を落とすことが必須ですが、いちばん効くのは食事の改善と有酸素運動です。食事の改善を成功させるコツは、一気に量を減らさないこと。まずはバランスのよい食事を心がけることから始めましょう。急激な食事制限は精神的にも肉体的にも強いストレスがかかるため、ほぼ確実にリバウンドします。

有酸素運動のポイントは「息が弾む程度の強度」で「最低でも1回10分以上続ける」こと。ゼエゼエと息切れするほどハードに動かなくても脂肪は燃焼するので、安心してください。有酸素運動にはウォーキング、水泳、ジョギングなどさまざまな種類がありますが、体重のある人はひざへの負担を考慮すべきですし、何よりも継続できなくては意味がありません。いろいろ試して最もストレスなく続けられる種目を見つけましょう。

ステップエクササイズ

じつは軽いジョギングと同じぐらいの消費エネルギーがある。走るのは苦手、外を走るのはイヤという人にもおすすめ

ジョギング

ペースは早歩きよりやや速い程度でOK。最初は3分走って3分歩くくらいで、徐々に時間や距離を延ばすのも手

ウォーキング

ふだんよりもやや速く、かつ歩幅を10㎝以上広くするイメージで歩こう。息がはずむペースにするのがポイント

Point 筋力トレーニングをしてから有酸素運動をすると成長ホルモンの分泌が高まり、より効率的な体脂肪燃焼効果を期待できます。

腰が痛む人の
トレーニングプログラム

腰や背中が丸まるなど、腰に負担のある姿勢や動作がクセになっている人は腰痛を抱えやすく、筋力が低下した人は腰の筋肉や腰椎への負担が蓄積し、痛みを呼びがちです。

こうした状態を脱するのに有効なのが、体幹トレーニングです。まずはインナーユニットのトレーニングで腹横筋を引き締め「天然のコルセット」をつくりましょう。さらにアウターユニットを連動させられるようになると、インナーとアウターという2層の筋肉が腰の安定度を高め、姿勢を正してくれます。

それと腰は、歩いたり走ったりする動作の影響も強く受けるため、下半身の安定に関わる臀部の筋トレも有効です。人間の体は、骨盤という土台に背骨が乗ることで二足歩行ができていますが、土台となる骨盤が不安定だと背骨がグ

体幹トレーニング
（インナーユニット）
▶P114

ラグラしてしまいます。これでは、いくらインナーユニットで腹部を安定させても、腰にかかる負担は軽減できません。お尻の筋肉で骨盤をグラつかせないことも、体幹を安定させる重要な要素なのです。

　腰痛の人は筋肉が硬くなっているケースが多く、それが痛みの引き金になるケースも多々見られます。腰まわりの筋肉をゆるめるストレッチも紹介したので、トレーニングが難しいという方はストレッチから始めるといいでしょう。

　インナーユニットのトレーニングはかならずLEVEL1から始め、できるようになってから次のLEVELにステップアップしてください。ほかの筋トレは、基本の20回×2、3セットの倍の回数ができるようになったら、LEVELを上げましょう。

静的ストレッチ
▶P118

お尻の筋トレ
▶P116

体幹トレーニング
（インナーユニット+アウターユニット）
▶P115

腰痛は、がんや婦人科系の疾患などで起きることもあるので、
長引く場合はかならず医師の診断を受けてください

インナーユニット STEP 1 あお向けLEVEL1～4

腹横筋を“入れる”感覚をインストール

体幹トレーニング 10回以上

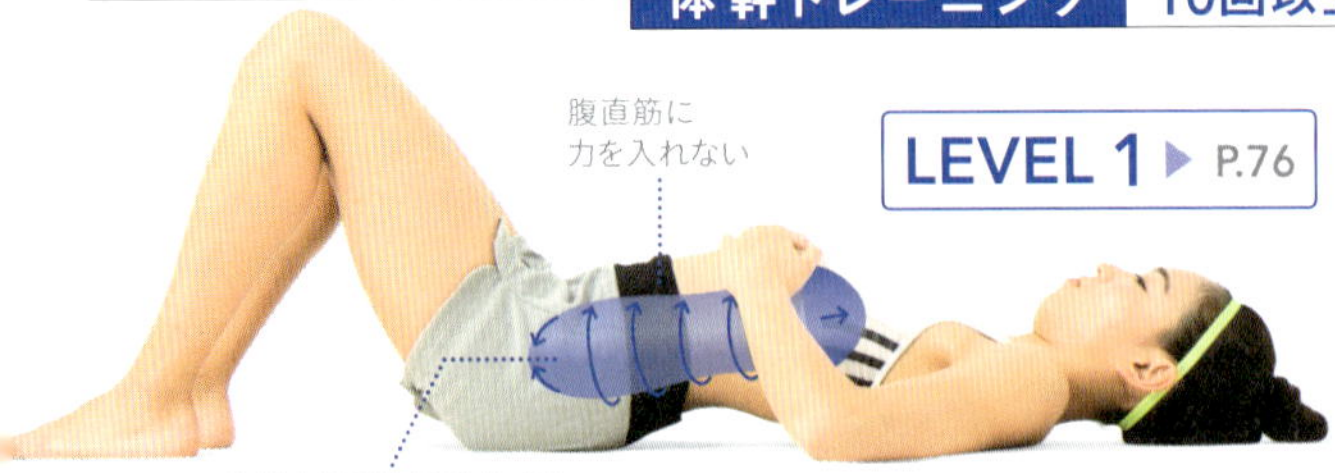
腹直筋に
力を入れない
骨盤底筋群を連動させる
(肛門・膣を締める)

LEVEL 1 ▶ P.76

鼻から息を吸い、腰を大きく反らせる。5秒かけて息を吐くことでお腹が凹み、腰の反りが少し戻る。このとき肛門（膣）を軽く締める。
腕や脚を伸ばすと、あごや肩、お尻、太もも、足が力みやすくなるので注意

LEVEL 2 ▶ P.78

腕を伸ばす

LEVEL 3 ▶ P.79

脚を伸ばす

LEVEL 4 ▶ P.79

腕と脚を伸ばす

インナーユニット STEP 2 よつばい

重力によって下がるお腹をインナーユニットで支える

体幹トレーニング 10回以上

よつばいになり、鼻から息を吸いながら腰を大きく反らせる。5秒かけて口から息を吐いてお腹を凹ませる。このとき肛門（膣）を軽く締める。ダイアゴナルは、ここから腕と対角線上の脚を4秒かけて伸ばして戻す動作を呼吸しながら繰り返す

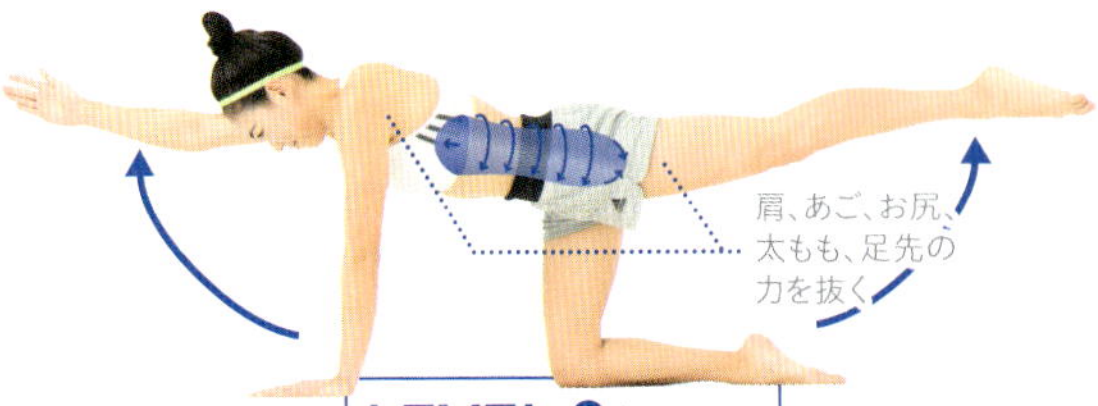
肩、あご、お尻、
太もも、足先の
力を抜く

LEVEL 2 ▶ P.81
ダイアゴナル

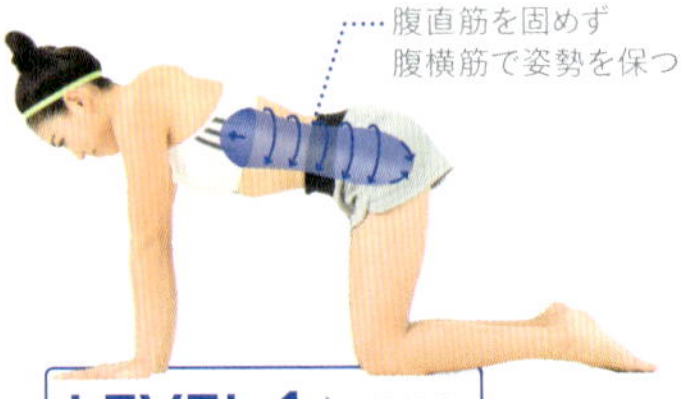
腹直筋を固めず
腹横筋で姿勢を保つ

LEVEL 1 ▶ P.80
よつばい

腰が痛む人のトレーニングプログラム

ツイスティングクランチⅠ ▶ P.94

インナーユニットを締めた状態で腹斜筋を動かす

体幹トレーニング　左右各20回×2、3セット

立てたひざにもう一方の脚をかけ上体をひねりながら起こす

あお向けになり両ひざを立て、一方の脚をひざにかけて頭の後ろで指を組む。インナーユニットを締めたまま、息を吐きつつ4秒かけて上体をひねりながら起こす。息を吸いながら4秒かけて上体を床に戻す。反対側も同様に

肩甲骨が床から
離れるまで上体を起こす
一方の手を床につくと
体が安定する

ツイスティングクランチⅡ ▶ P.98

上半身の重みも利用して腹斜筋をさらに刺激

体幹トレーニング　左右各20回×2、3セット

インナーユニットが
抜けないようにしつ
つ腹斜筋を意識

横向きに寝た状態から上体を起こす

インナーユニットを締めたまま、息を吐きながら4秒かけて上体を起こす。息を吸いながら4秒かけて上体を戻す。反対側も同様に行う

ヒップリフトⅠ

骨盤を安定させる大臀筋がターゲット

筋トレ 20回×2、3セット

1 あお向けに寝て 両ひざを立てる

あお向けに寝たらひざを立て、足を腰幅に開く。腕は自然に体の左右に伸ばす

2 足の裏全体で床を押し お尻を持ち上げる

自然に呼吸しながら足の裏で床を押し、4秒かけてお尻を持ち上げる。胸、お腹、太もも前が一直線になったら、4秒かけて**1**に戻る

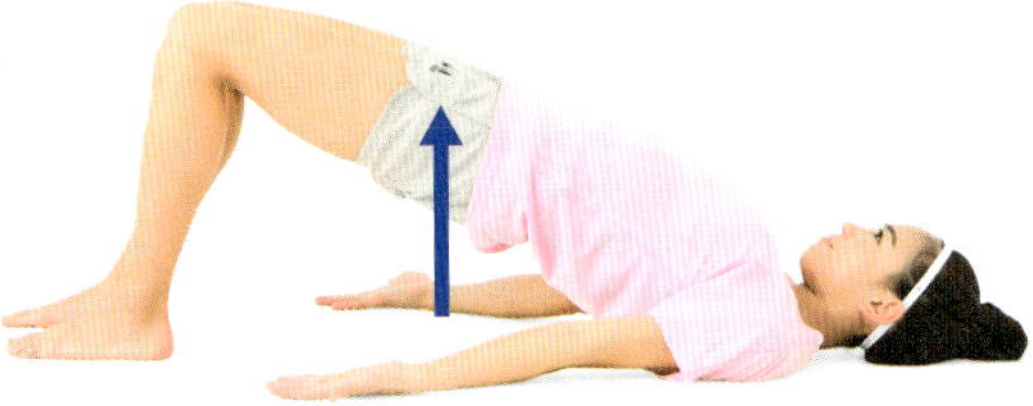

ヒップリフトⅡ

お尻の片側だけ使うことで負荷を倍増

筋トレ 左右各20回×2、3セット

1 あお向けに寝て ひざを立てて脚を組む

あお向けに寝て一方のひざを立てて、もう一方の脚をかける。腕は自然に体の左右に伸ばす

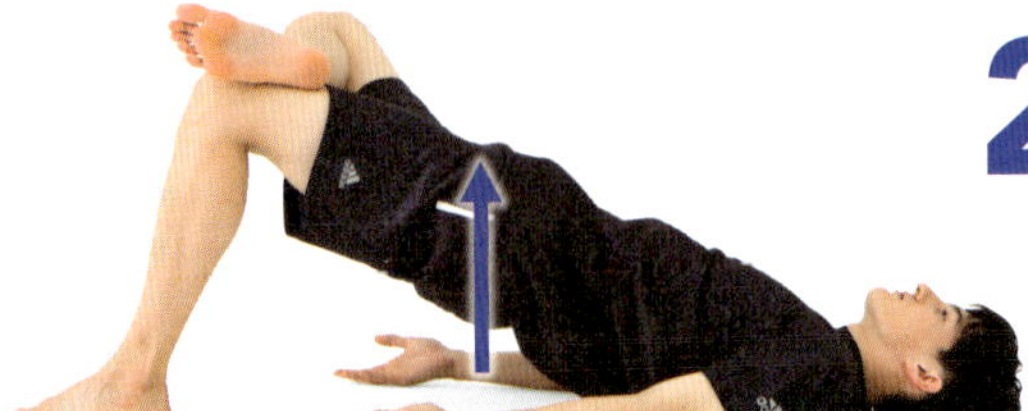

2 足の裏全体で床を押し お尻を持ち上げる

自然に呼吸しながら足の裏で床を押し、4秒かけてお尻を上げる。胸、お腹、太もも前が一直線になったら、4秒かけて戻る。反対側も同様に

腰が痛む人のトレーニングプログラム

アブダクションⅠ

骨盤の横ゆれを制御する中臀筋を鍛える

筋トレ　左右各20回×2、3セット

1

壁を前にして立ち肩の高さで手を壁につく

2

背すじを伸ばしたまま行う
お尻の横を意識する

一方の脚を真横に上げて、戻す

一方の脚をゆっくり真横に上げ、元に戻す。このとき骨盤はなるべく動かさず、お尻の横を縮めるイメージで行う。反対側も同様に

アブダクションⅡ

横たわることで中臀筋にかかる重さを増す

筋トレ　左右各20回×2、3セット

横向きに寝て上側の脚を伸ばしたまま上げる

横向きに寝て、下になった側の脚は前に出し、ひざを曲げる。腕は頭の下で頭上に伸ばす。上側の脚は足先まで伸ばして床から少し浮かせる

1

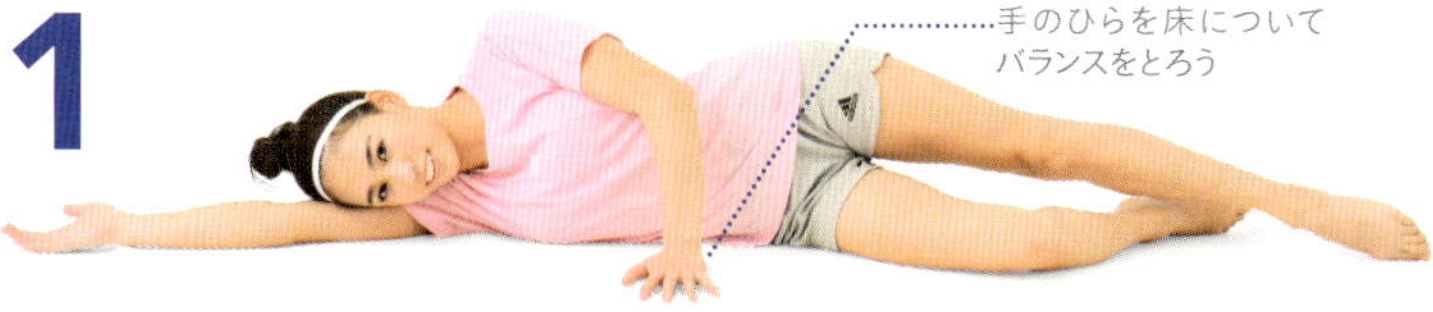
手のひらを床について
バランスをとろう

2

上側の脚を真上に上げて、戻す

上側の脚をゆっくり真上に上げて戻す。このとき骨盤はなるべく動かさず、お尻の横を縮めるイメージで行う。反対側も同様に

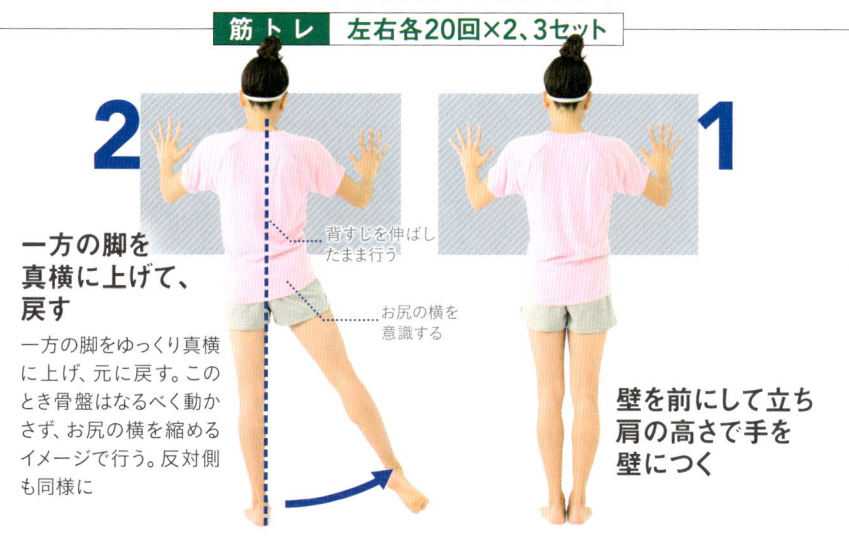

腰の硬さを解消するストレッチ

腰痛を呼ぶ腰まわりの硬直をほぐす

静的ストレッチ

腰まわり（腰背部Ⅰ）

**太ももを引き寄せて
腰を伸ばす**

あお向けになり、ひざを曲げて脚に手を添える。息を吐きながら太ももを引き寄せ、腰の伸びを感じながら30秒キープ

腰まわり（腰背部Ⅱ）

脚を揃えたまま左右に倒す

あお向けになり、ひざを90度に曲げて腕は左右に伸ばす。脚を揃えて息を吐きながら左右どちらかへ倒し、腰の伸びを感じながら30秒キープ。反対側も同様に

脚のつけ根（腸腰筋）

後ろに伸ばした脚のつけ根を伸ばす

一方の脚はひざを軽く曲げて前に出す。もう一方の脚は後ろに伸ばす。息を吐きながら腰を前に押し出し、後ろの脚のつけ根に伸びを感じながら30秒キープ。反対側も同様に行う

Point
骨盤を前に
押し出す

お腹（腹直筋）

うつぶせから上体を起こしお腹の前面を伸ばす

うつぶせになり、両脚を伸ばして足は腰幅に開く。上体を起こし、お腹の前面に伸びを感じながら30秒キープ

肩の下あたりに
ひじをつく

お尻（大臀筋）

一方の太ももを引き寄せお尻を伸ばす

あお向けになってひざを立て、一方の足首を太ももにかける。息を吐きながら立てたほうの脚を引き寄せる。お尻の伸びを感じながら30秒キープ。反対側も同様に

肩こりに効く
トレーニングプログラム

肩こりを呼ぶ最大の原因は、肩まわりを動かさないことです。長時間のデスクワークやスマートフォンの操作などで前かがみになる時間が増えると、肩甲骨まわりの筋肉が固まって血流は悪化します。それが筋肉の緊張を呼び、血圧まで上昇。さらに筋肉内の毛細血管に老廃物が蓄積されて、慢性的なこりや痛みを抱えるようになるのです。

運動不足は、もう一つ重大な問題を呼びます。筋肉を動かさないと、体は「筋肉は不要」と判断して、どんどん減らしてしまうのです。こうして肩まわりの筋肉が減った状態で腕や頭の重みを支えるのは、それだけでもキツい筋トレをするようなもの。しだいに極度の緊張状態に陥ります。こりを予防し、やわらげるには、まず動かすことで血行をよくして少しずつ筋肉を増やすことがマスト。動かさないことによる負のスパイラルを断ち切りましょう。

まず、背骨と肩甲骨に付着する菱形筋《りょうけいきん》、肩甲骨を覆う僧帽筋を中心にほぐします。僧帽筋は首の裏にもつながるので、肩だけでなく首まわりもほぐれます。また、前かがみになることで縮んだ胸を伸ばすと、背中にかかっていたテンションがゆるみます。まめに行うと、動的ストレッチは肩まわりの血流を回復させ、静的ストレッチは筋肉の柔軟性を高めてくれるものなのです。

腕を支える三角筋のトレーニングで、筋力をアップするのもおすすめです。こちらは週3回程度、続けるといいでしょう。

体幹トレーニングには直接的に肩こりを解消する効果はないですが、姿勢がよくなることが結果的に肩や背中をこりにくくします。予防的にベーシックな種目（P74～参照）に取り組むイメージです。

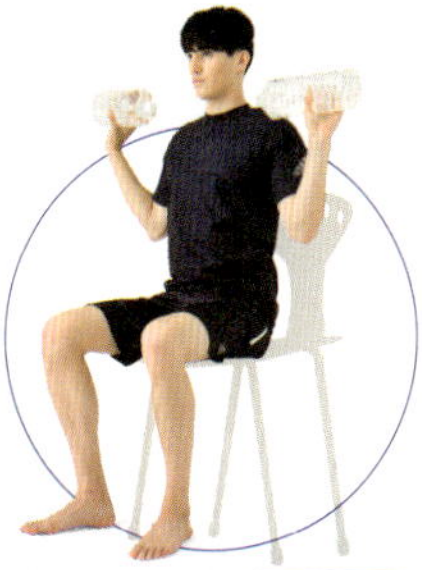

肩まわりの**筋トレ**

▶P127

静的ストレッチ

（首、肩、胸）

▶P125

動的ストレッチ

（肩、肩甲骨まわり）

▶P122

体幹トレーニング ▶ 肩こりを解消するような効果は期待できないが、予防には役立つ

肩甲骨まわりⅠ

デスクワークや家事の合間に肩まわりの血流を回復

動的ストレッチ 前後各10～20回

手を左右の肩につき ひじを大きく回す

指を左右の肩の上あたりにつき、ひじで大きく円を描くようにリズミカルに大きく動かす。真横へひじを開くときに、肩甲骨を寄せるようにするとよくほぐれる。肩に痛みを感じる場合は、ムリのない範囲で行おう

1
肩に指がつかない人は
できるだけ近づければいい

2
ひじを
正面に向ける

3
ひじを
真上に上げる

4
ひじを
左右に開く

肩こりに効くトレーニングプログラム

肩甲骨まわりⅡ

腕を大きく動かし肩まわりの血流を上げる

動的ストレッチ　10〜20回

腕をひねりながらひじを下ろす

指先を合わせたまま、両手を頭上へ。手のひらを外側に向け、ひじを後ろに引きながら腕を下ろす。リズミカルに行う

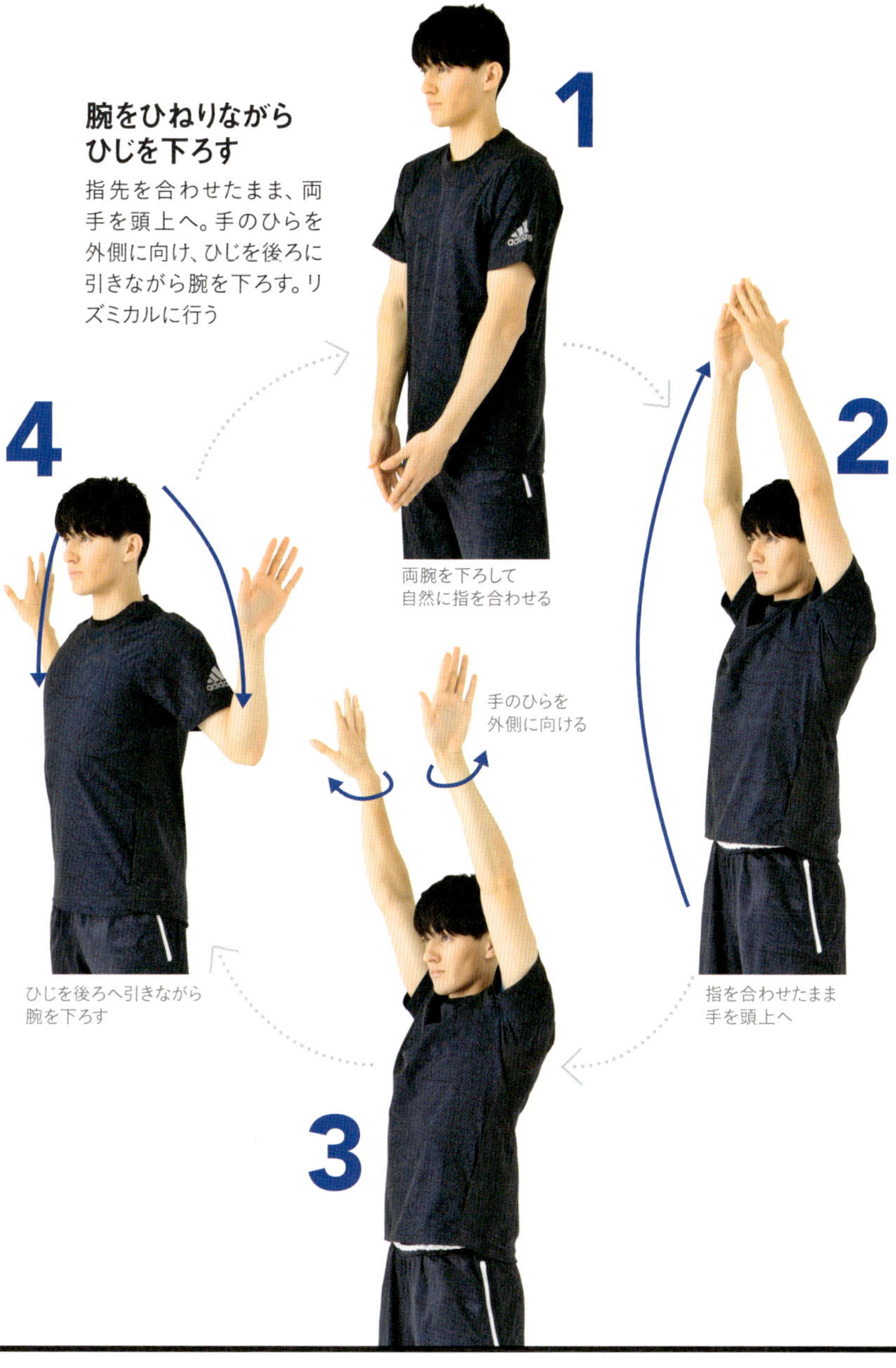
1
両腕を下ろして
自然に指を合わせる
2
指を合わせたまま
手を頭上へ
3
手のひらを
外側に向ける
4
ひじを後ろへ引きながら
腕を下ろす

頸椎の屈曲・伸展

首とひじを連動させ肩甲骨をダイナミックに動かす

動的ストレッチ 10〜20回

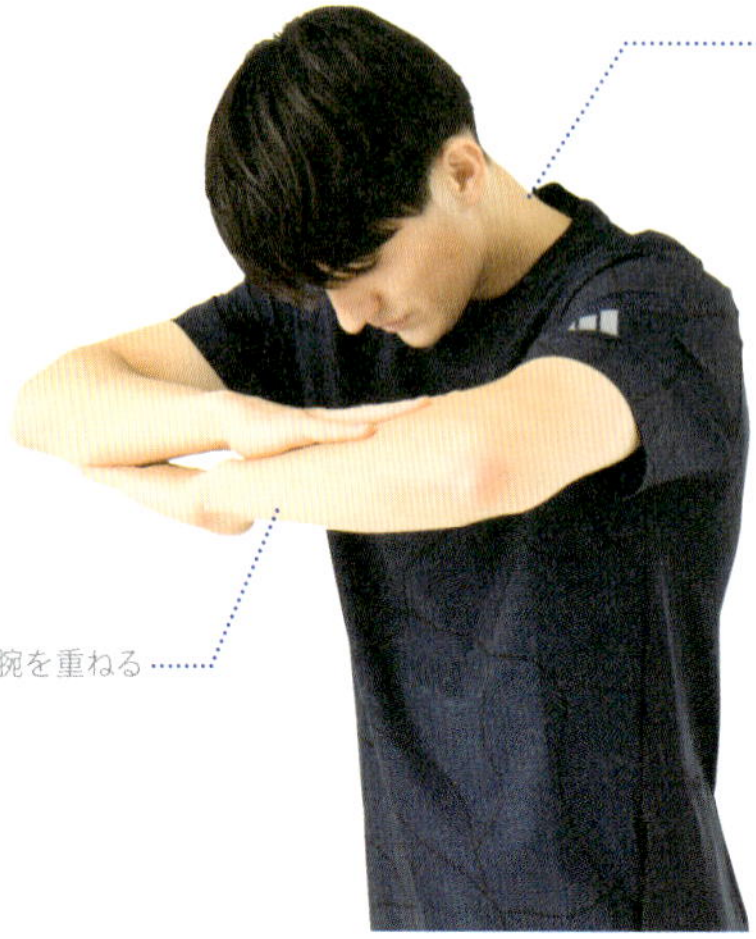

1 頭を前に倒し手を交差させる

頭を前に倒しながら前腕を重ねる。このとき肩甲骨がしっかり開くよう意識

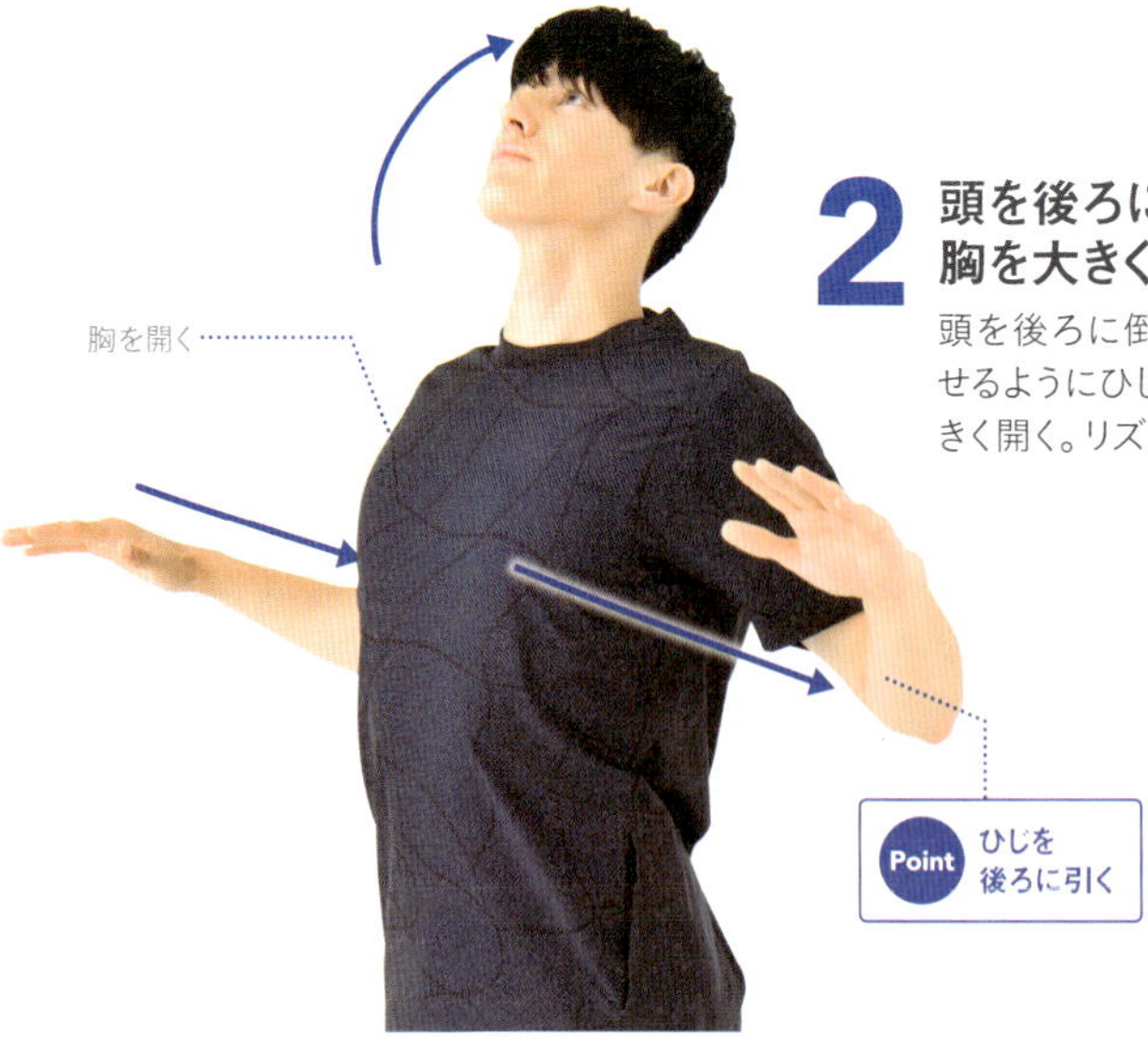

2 頭を後ろに倒しながら胸を大きく開く

頭を後ろに倒し、肩甲骨を寄せるようにひじを引いて胸を大きく開く。リズミカルに動かす

肩こりに効くトレーニングプログラム

僧帽筋上部･中部のストレッチ

後頭部から背中を覆う大きな筋肉をゆるめる

静的ストレッチ　**左右各30秒**

首の後ろに
伸びを感じる

僧帽筋上部

**頭を斜め前に倒し
首の後ろ側を伸ばす**

一方の手を背中に回し、もう一方の手を頭に添える。息を吐きながら、首がよく伸びる方向に頭を倒す。首に伸びを感じながら30秒キープ。反対側も同様に

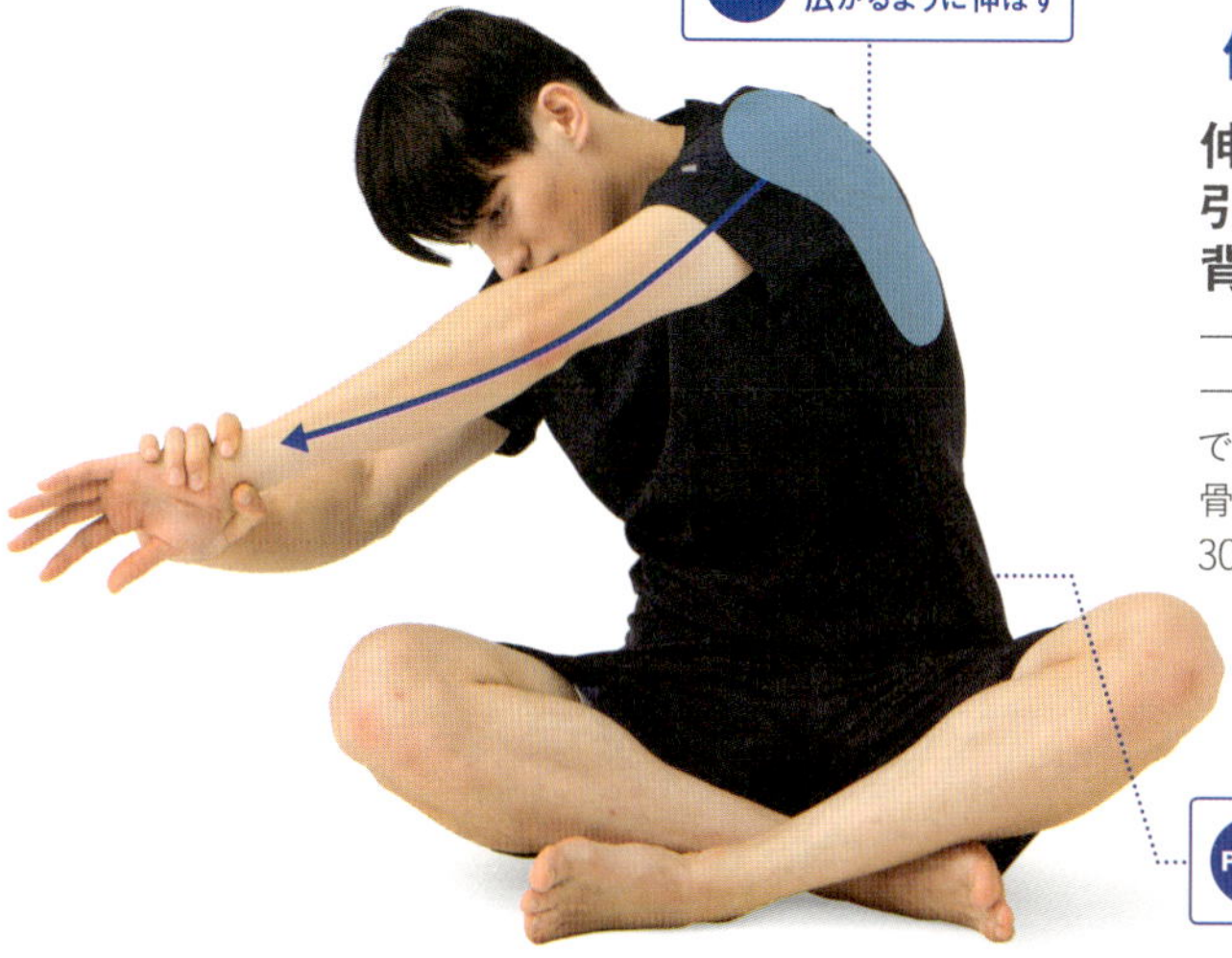
Point
肩甲骨が左右に
広がるように伸ばす
Point
腰から前かがみになると
僧帽筋は伸びない

僧帽筋中部

**伸ばした腕をつかみ
引っ張ることで
背中を伸ばす**

一方の腕を前に伸ばし、もう一方の腕の手で手首をつかんで遠くに引っ張っていく。肩甲骨あたりに伸びを感じながら30秒キープ。反対側も同様に

大胸筋上部・中部のストレッチ

縮んだ胸を広げて伸ばし背中の緊張をゆるめる

静的ストレッチ 左右各30秒

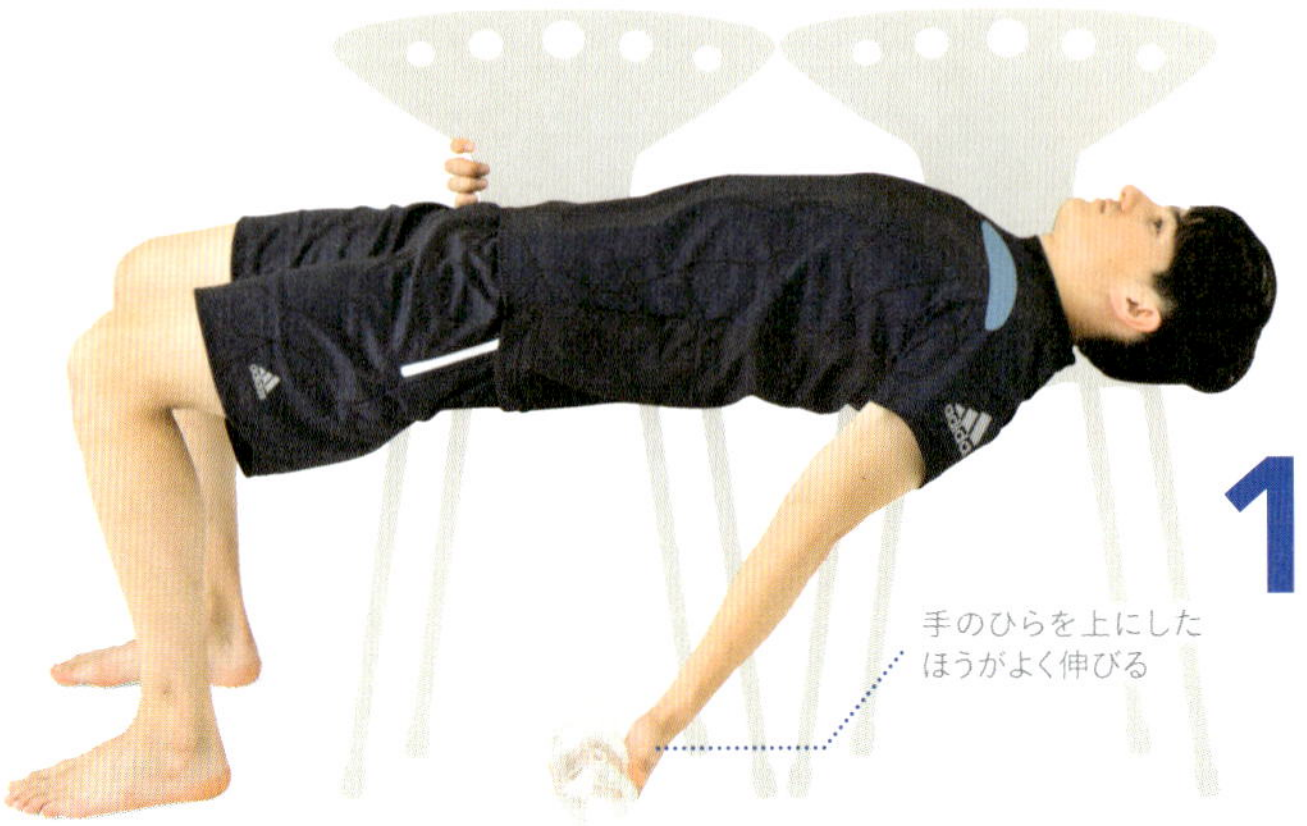

1

**イスに横たわり
一方の腕を下ろす**

並べたイスやソファにあお向けになり、お尻と頭を乗せる。一方の手で何かにつかまって体を安定させ、もう一方の手に1〜2ℓのペットボトル（または1〜2kgのダンベル）を持って腕を下ろす。胸の上部に伸びを感じながら30秒キープ

2

**胸の真横に
腕を下ろしてキープ**

胸の真横あたりまで腕をスライドさせる。手のひらを上にしたまま胸のまんなかに伸びを感じ30秒キープ。
1〜**2**を反対側も同様に

肩こりに効くトレーニングプログラム

サイドレイズ

三角筋をしっかり収縮させ腕を支える筋肉を刺激

筋トレ 20回×2、3セット

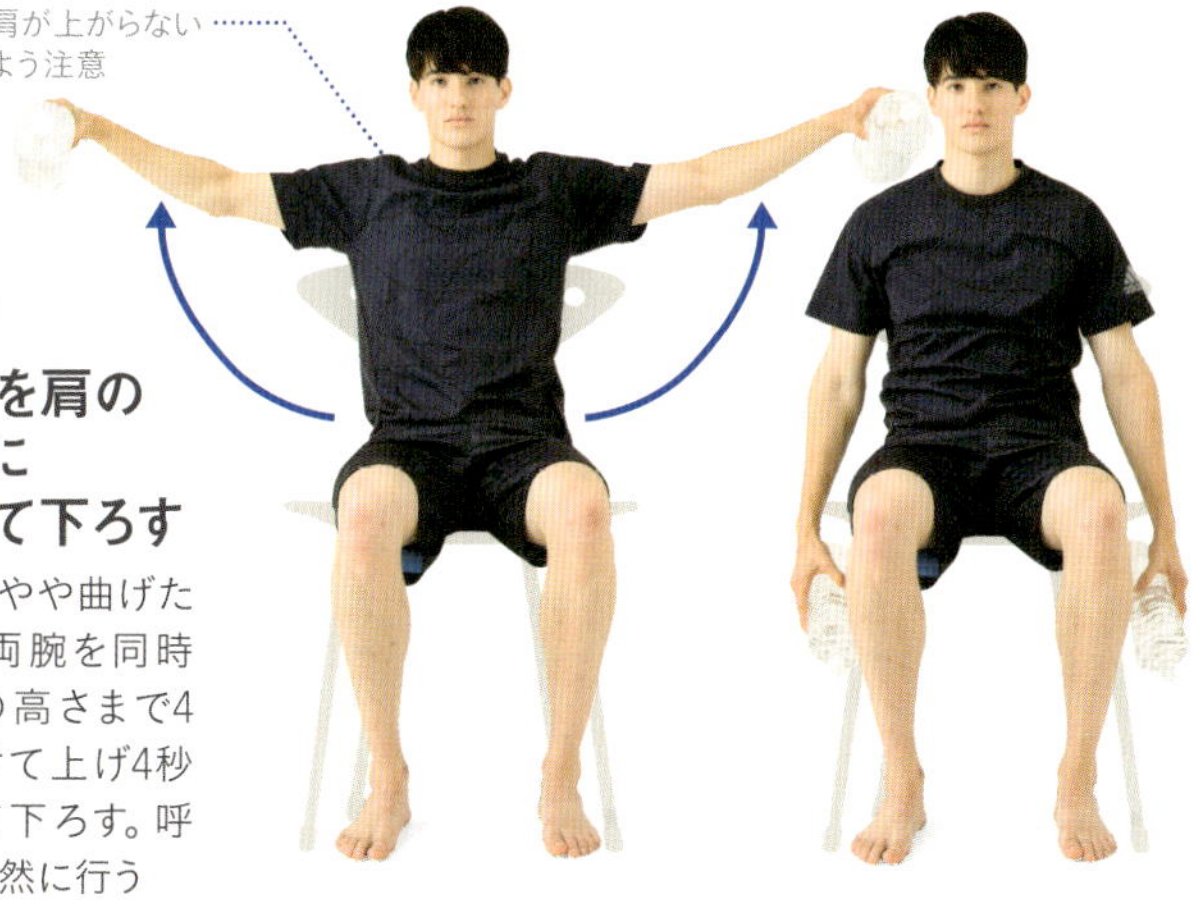
肩が上がらないよう注意

1

ペットボトルを持ち腕を左右に下ろす

左右の手にそれぞれ1〜2ℓのペットボトル（または1〜2kgのダンベル）を持ち、イスに座る。ひじは伸ばしきらない

2

両腕を肩の高さに上げて下ろす

ひじをやや曲げたまま、両腕を同時に肩の高さまで4秒かけて上げ4秒かけて下ろす。呼吸は自然に行う

ショルダープレス

腕、肩、肩甲骨まわりをまとめて鍛える

筋トレ 20回×2、3セット

1

ペットボトルを持ちひじを下に引く

左右の手にそれぞれ1〜2ℓのペットボトル（または1〜2kgのダンベル）を持ち、イスに座る。肩の高さまでペットボトルを持ち上げ、ひじを下に引く

2

腕を真上に伸ばして下ろす

両腕を同時に、真上に4秒かけて伸ばしたら4秒かけて**1**に戻る。呼吸は自然に行う

肩が上がらないよう注意
胸をしっかり張ると肩甲骨が寄る

ケガなく長く走るための

トレーニングプログラム

ケガなく長距離を走るうえで大いに役立つのが、体幹を内側から引き締めるインナーユニットのトレーニングです。インナーユニットをキュッと締めると、上下左右への体のブレを抑える力が生まれます。体がブレると関節や筋肉にかかる負担が増してケガをしやすくなり、そのブレを抑え込むために「力は強いけれどスタミナがない」アウターの筋肉が動員され、エネルギーを余計に消耗する困った状態に。

体幹のブレは横隔膜の動きにも影響するため、呼吸が安定しなくなります。だから長距離走の選手は、めざす距離を走り抜けるまでインナーユニットの力が抜けないようにトレーニングをするのです。

たとえば箱根駅伝は一区間20㎞前後なので、

20km体幹を入れっぱなしで走るための体幹トレーニングに励みますし、フルマラソンなら40km以上持続できる体幹をつくります。それを踏まえ、ここではインナーユニットのトレーニングをプログラムのメインに据えました。焦らず一つひとつクリアし、あらゆる体勢で体幹が入った状態をキープするのが目標です。

コツがつかめたら、ふだんのジョギングの前にインナーユニットのトレーニングをし「入った」状態を意識して走ってみましょう。

青山学院大学の駅伝チームでも、最初は1kmさえもたずに抜ける選手もいました。そこから練習に並行して体幹トレーニングを重ね、5km、10kmとインナーユニットが入ったまま走れる距離を伸ばしていきます。ぜひ体に効く体幹トレーニングに挑戦してみてください。

体幹トレーニング
（インナーユニット＋アウターユニット）
▶P133

体幹トレーニング
（インナーユニット）
▶P131

インナーユニット STEP 1 あお向けLEVEL1～4

腹横筋で締める感覚をインストール

体幹トレーニング 10回以上

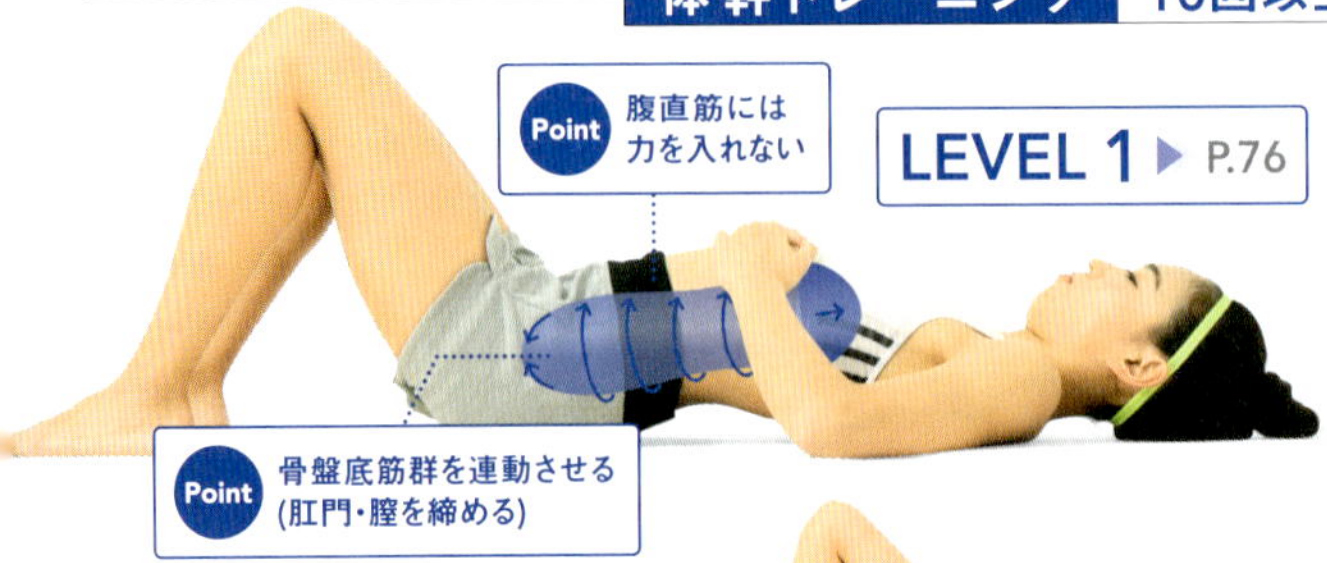
Point 腹直筋には力を入れない
Point 骨盤底筋群を連動させる(肛門・膣を締める)

LEVEL 1 ▶ P.76

鼻から息を吸い、腰を大きく反らせる。5秒かけて口から息を吐きながらお腹を凹ますことで、腰がやや下がりナチュラルカーブになる。このとき肛門（膣）を軽く締める。LEVELが上がり腕や脚を伸ばすと、どこかが力みやすくなるので注意

LEVEL 2 ▶ P.78
腕を伸ばす

LEVEL 3 ▶ P.79
脚を伸ばす

LEVEL 4 ▶ P.79
腕と脚を伸ばす

お尻と太もも、足先の力を抜く

インナーユニット STEP 2 よつばい

重力に対抗してナチュラルカーブをキープ

体幹トレーニング 10回以上

よつばいで鼻から息を吸って腰を大きく反らせてから息を吐く。肛門（膣）を軽く締める。ダイアゴナルでは、このあと腕と対角線上の脚を伸ばす。反対側も同様に

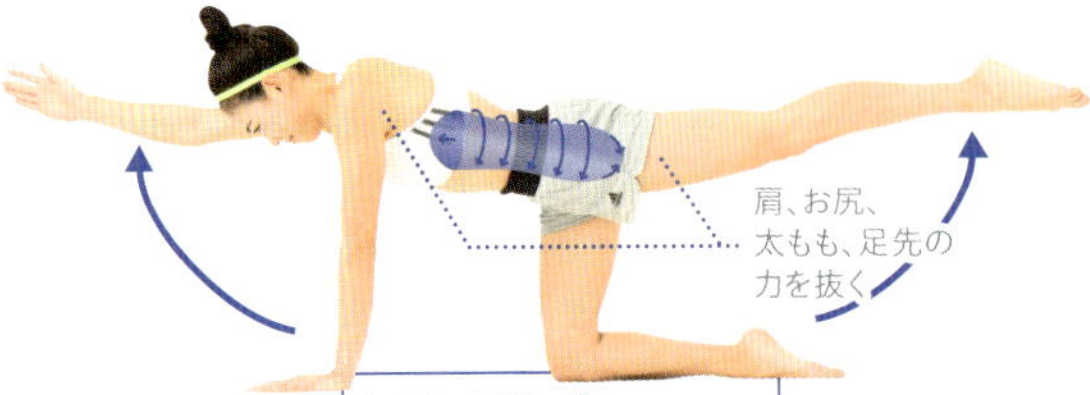
肩、お尻、
太もも、足先の
力を抜く

LEVEL 2 ▶ P.81
ダイアゴナル

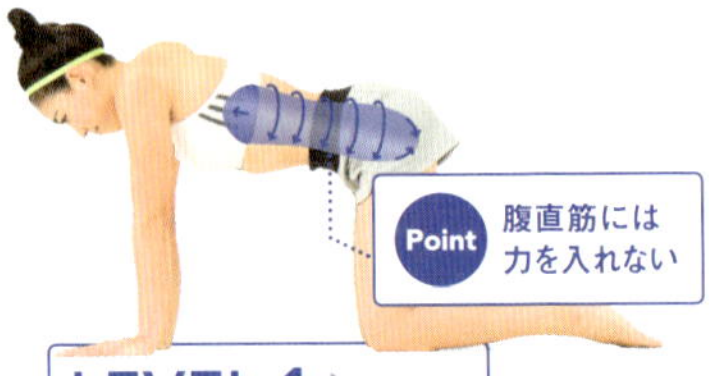
Point 腹直筋には力を入れない

LEVEL 1 ▶ P.80
よつばい

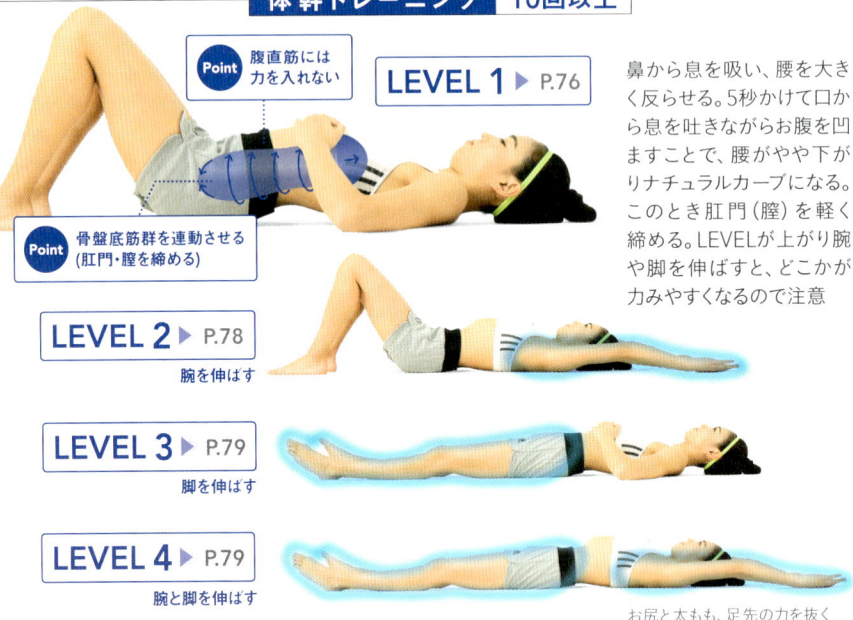

ケガなく長く走るためのトレーニングプログラム

インナーユニット STEP 3 ひざ立ち

上体を倒しインナーユニットだけで体幹を安定

体幹トレーニング 10回以上

腕を
伸ばす
LEVEL 2 ▶ P.83
L字バランスⅡ
肩やあご、
お尻や太ももが
力まないように

ひざ立ちで鼻から息を吸い、腰を大きく反らせる。5秒かけて口から息を吐いてお腹を凹ませナチュラルカーブに。肛門(膣)を軽く締める。その状態で、ひざから上を後ろに倒す。LEVEL2では、さらに両腕を前から回して頭上に伸ばして行う

LEVEL 1 ▶ P.82
L字バランスⅠ

Point 腹直筋を固めず
腹横筋で姿勢を保つ

インナーユニット STEP 4 腕立ち

腹横筋に力を入れたまま脚を上下させる

体幹トレーニング 10回以上

イスの座面に手をつき、背中からかかとまでをまっすぐにする。鼻から息を吸って腰を大きく反らせ、息を吐きながらお腹を凹ませナチュラルカーブに。肛門(膣)を軽く締める。LEVEL2では片脚を上げて行う

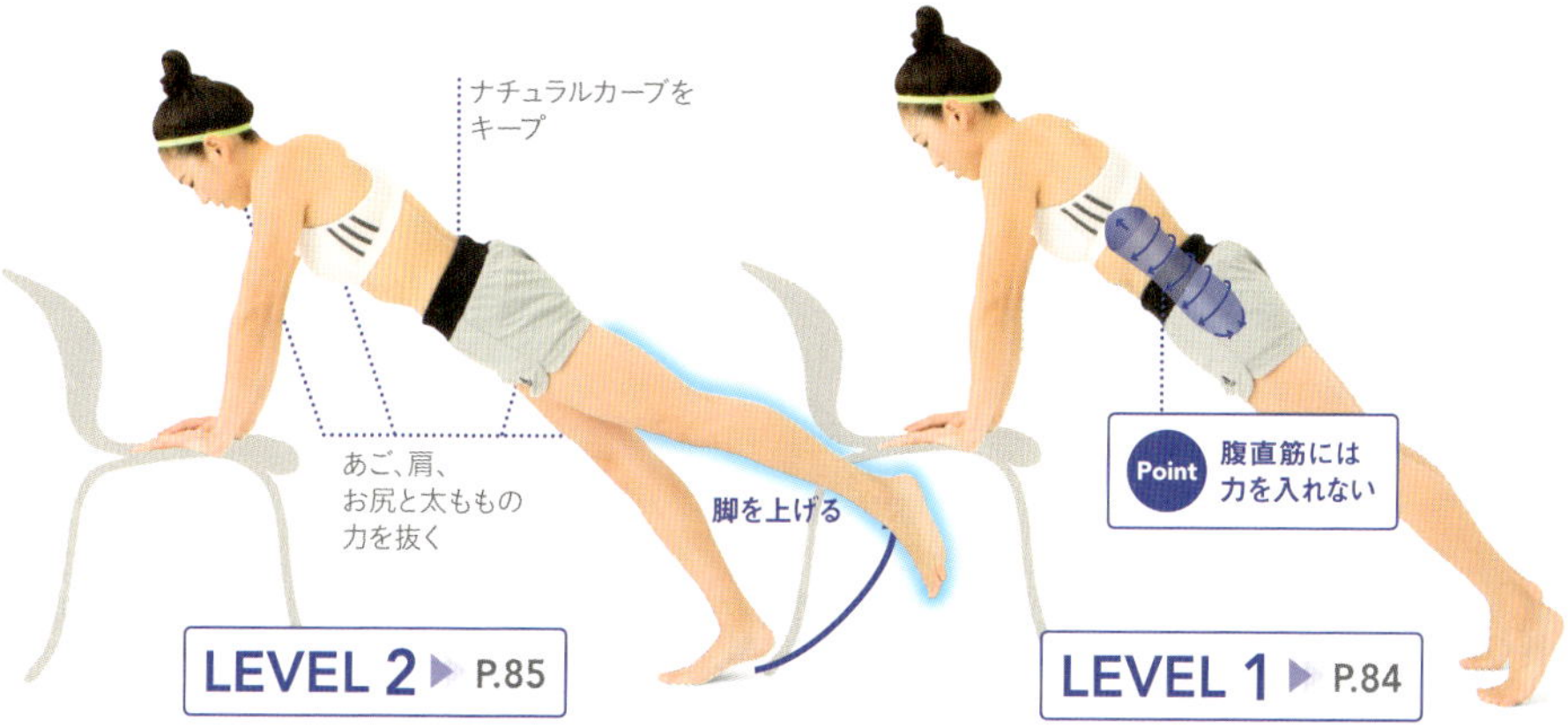
ナチュラルカーブを
キープ
あご、肩、
お尻と太ももの
力を抜く
脚を上げる
LEVEL 2 ▶ P.85
Point 腹直筋には
力を入れない
LEVEL 1 ▶ P.84

インナーユニット STEP 5 立位

不安定な体勢でも抜けないようにする

体幹トレーニング 10回以上

直立の姿勢で5秒かけて鼻から息を吸い、腰を大きく反らせる。息を吐きながらお腹を凹ませ、ナチュラルカーブに。肛門（膣）を軽く締める。LEVEL2では両手を上げて行う。LEVEL3では片脚を上げて腕を左右に広げ、LEVEL4ではさらに両腕を頭上に伸ばす

LEVEL 1 ▶ P.86
立位

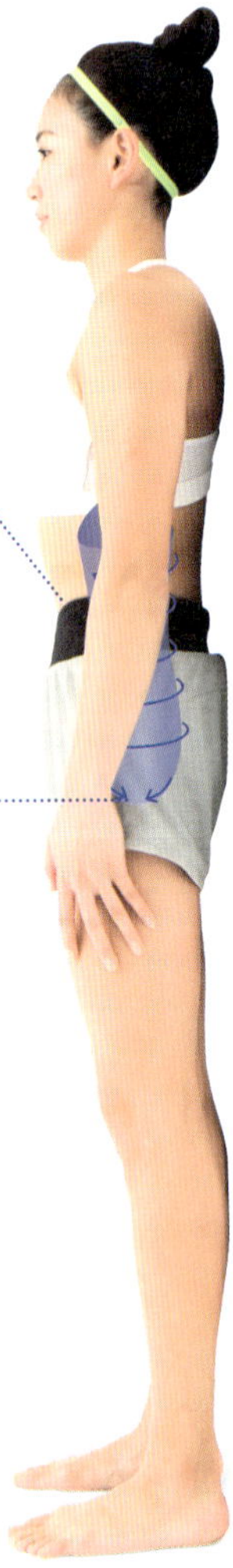
腹直筋には
力を入れない
骨盤底筋群を
連動させる
(肛門・膣を締める)

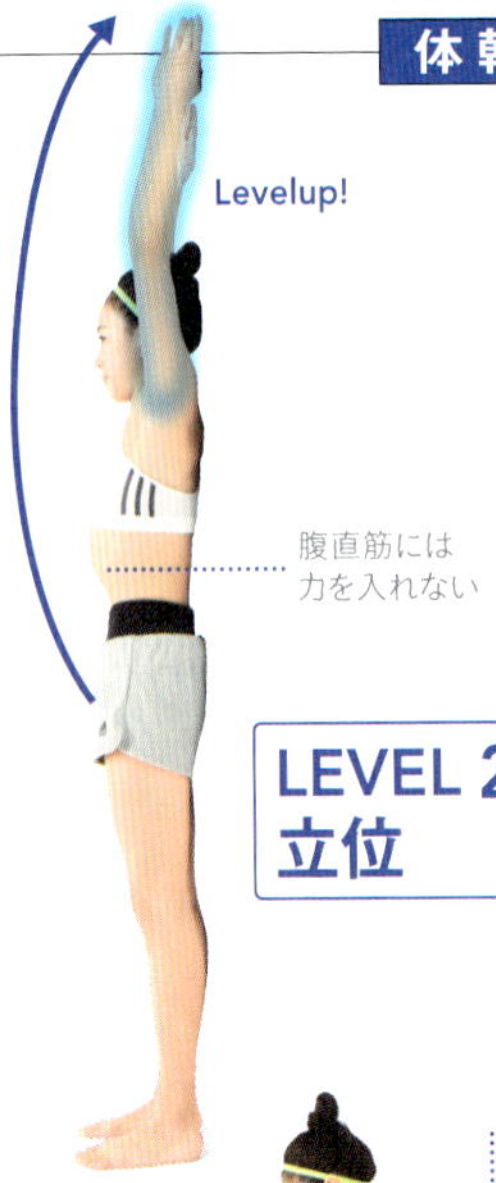
Levelup!
腹直筋には
力を入れない

LEVEL 2 ▶ P.86
立位

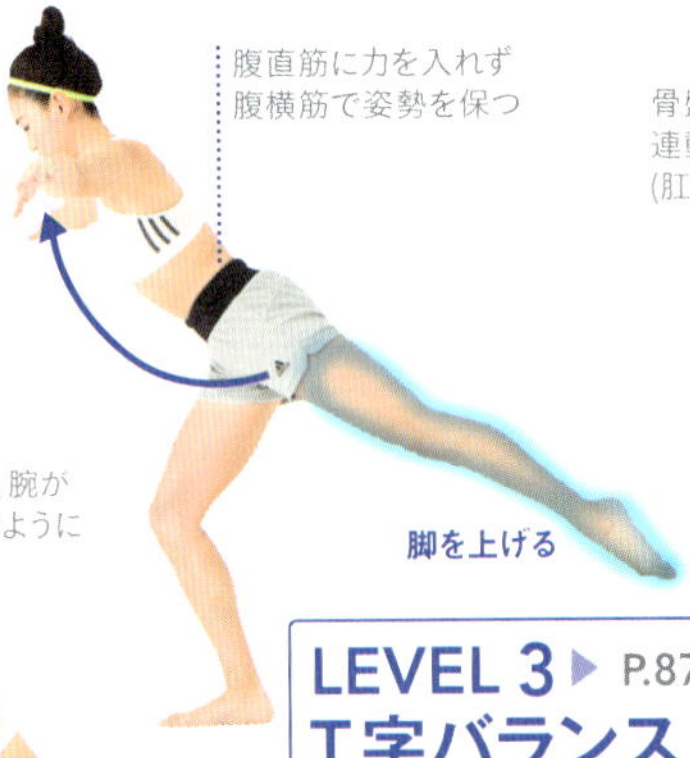
腹直筋に力を入れず
腹横筋で姿勢を保つ
脚を上げる

LEVEL 3 ▶ P.87
T字バランスⅠ

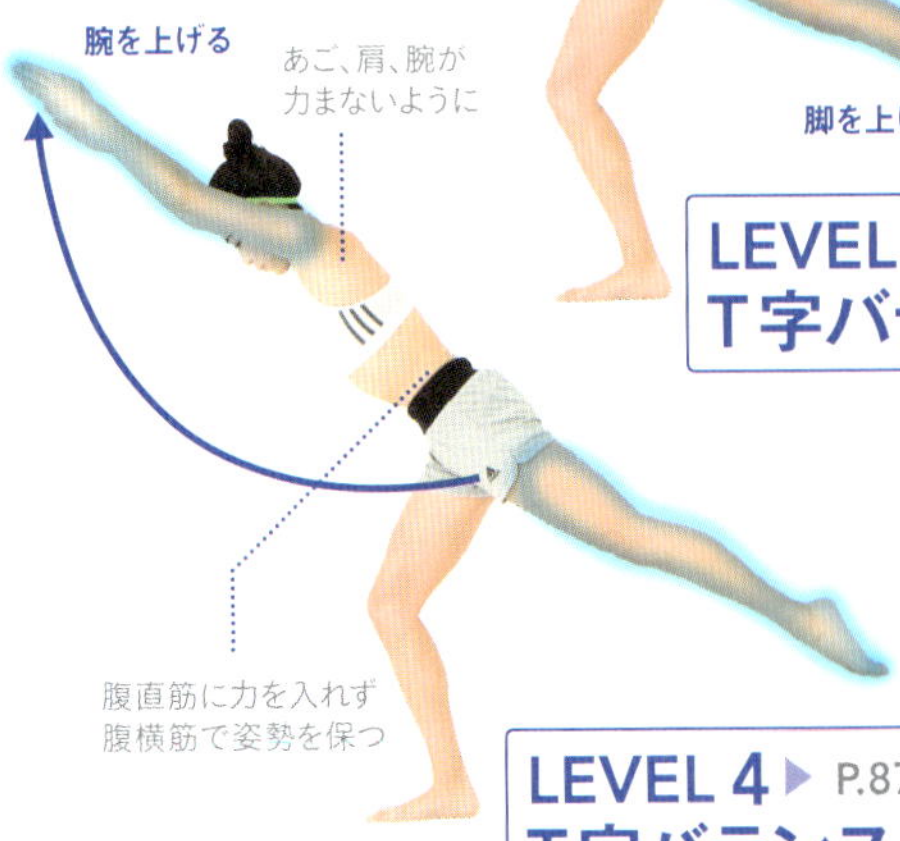
腕を上げる
あご、肩、腕が
力まないように
腹直筋に力を入れず
腹横筋で姿勢を保つ

LEVEL 4 ▶ P.87
T字バランスⅡ

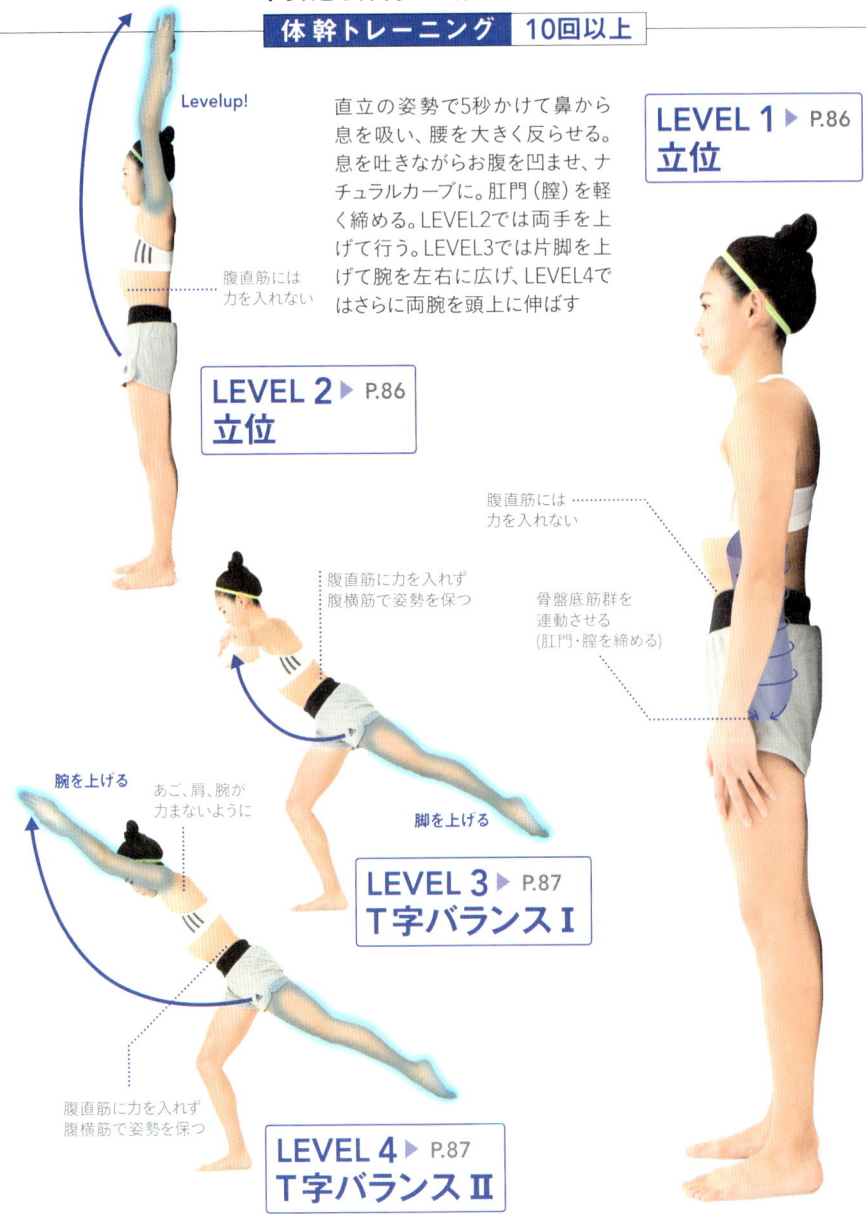

ケガなく長く走るためのトレーニングプログラム

アウターユニット

インナーユニットを腹直筋・腹斜筋でサポート

体幹トレーニング 10回以上

走るのは全身運動なので、足を前に進めるごとに腹直筋と腹斜筋が働きます。ですから腹横筋が働いているなか腹直筋と腹斜筋を使えるのは、走りの安定につながります

❶ バキュームⅠ

▶ P.92

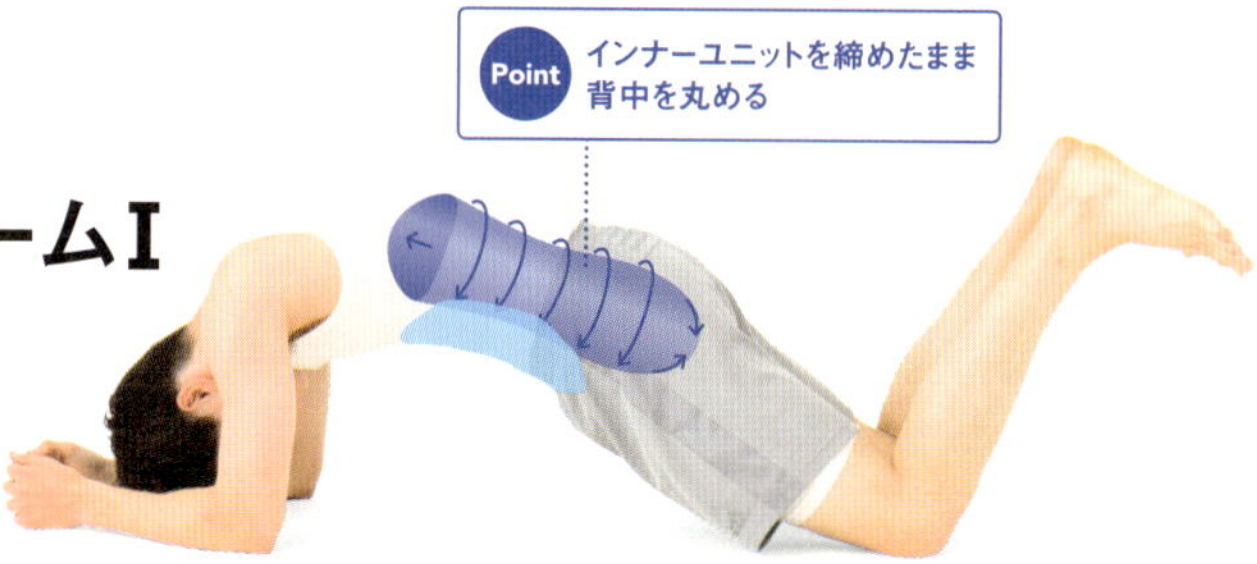
Point
インナーユニットを締めたまま
背中を丸める

❷ サイドプランクⅠ

▶ P.93

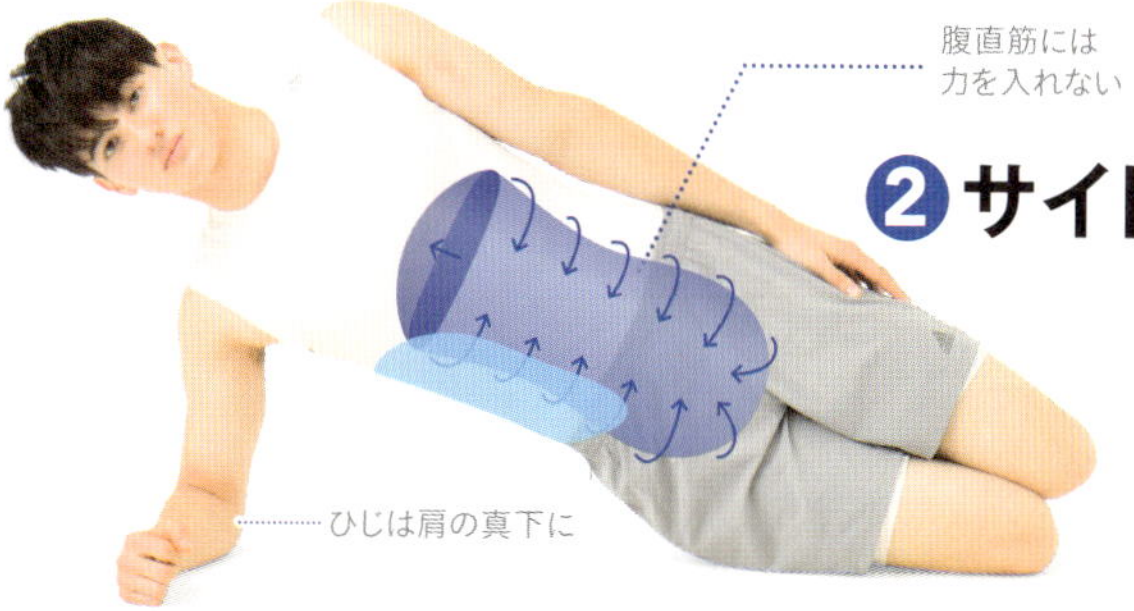
腹直筋には
力を入れない
ひじは肩の真下に

❸ ツイスティングクランチⅠ

▶ P.94

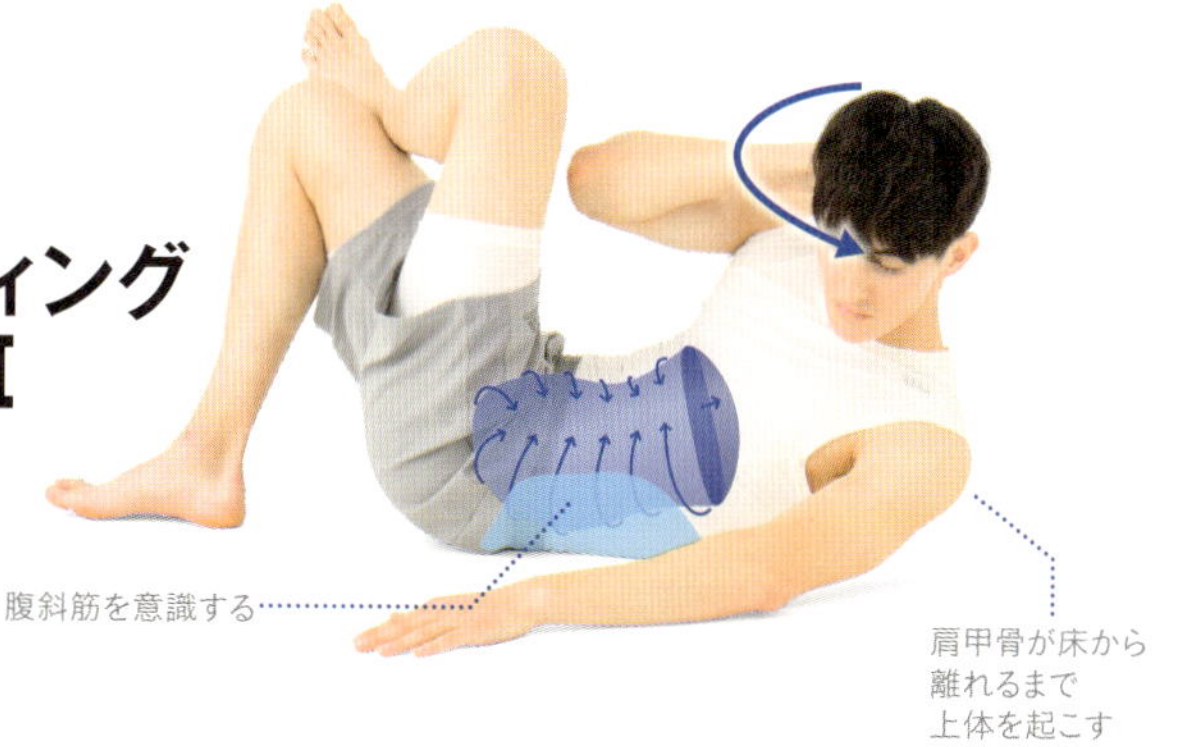
腹斜筋を意識する
肩甲骨が床から
離れるまで
上体を起こす

コンタクトスポーツのための

トレーニングプログラム

サッカーやラグビー、バスケットボールなどのコンタクトスポーツで体を寄せられても競り勝つ選手は、体幹と腕や脚の筋肉の連携を高めることで全身を強く速く動かせています。個々の筋肉が強かったとしても、連携していなければ当たり負けしますし、一瞬の動きの強さも速さも損なわれるのです。どの競技でも全身の連携を高めることは重要なので、ここではインナーユニットとアウターユニットの連動を重視したトレーニングを紹介していきます。

一つ注意していただきたいのは、インナーユニットの使い方です。競り合いの場面では、インナーユニットとアウターユニットを瞬間的にグッと入れる使い方を多用します。ですから、本書で推奨してきた常時インナーユニットだけ使えるようになるための種目より、瞬間的に強く作動させる種目を優先しました。かなり強度の高い種目もありますが、コンタクトスポーツでは最低限、必要なものばかりです。20～30回を2、3セット、できればその倍のセット数をめざしてください。各種目とも週3回を目安に続けましょう。

　コンタクトスポーツでは、自分の体を腕や肩で支える力をつけることも有効です。腕を伸ばして両手、片手で体重を支える種目が多いのは、そのため。それと、相手とぶつかって転びそうになって手をついたときのケガ予防にも、この補強は役立ちます。

　コンタクトスポーツをしている方でもケガや疲労が気になる場合は、ケガなく長く走るための体幹トレーニング（Ｐ１２８参照）を優先してください。

肩まわりの筋トレ

▶P141

＋

体幹トレーニング

（インナーユニット+アウターユニット）

▶P137

プランク

腕や肩とインナーユニット+腹直筋を連動させる

体幹トレーニング 30秒×2、3セット

1 両手・両足をつき 腰を大きく反らせる

うつぶせから手を肩幅よりやや広めにして床につき、ひじを伸ばす。足は腰幅に開いて、腰を大きく反らせる

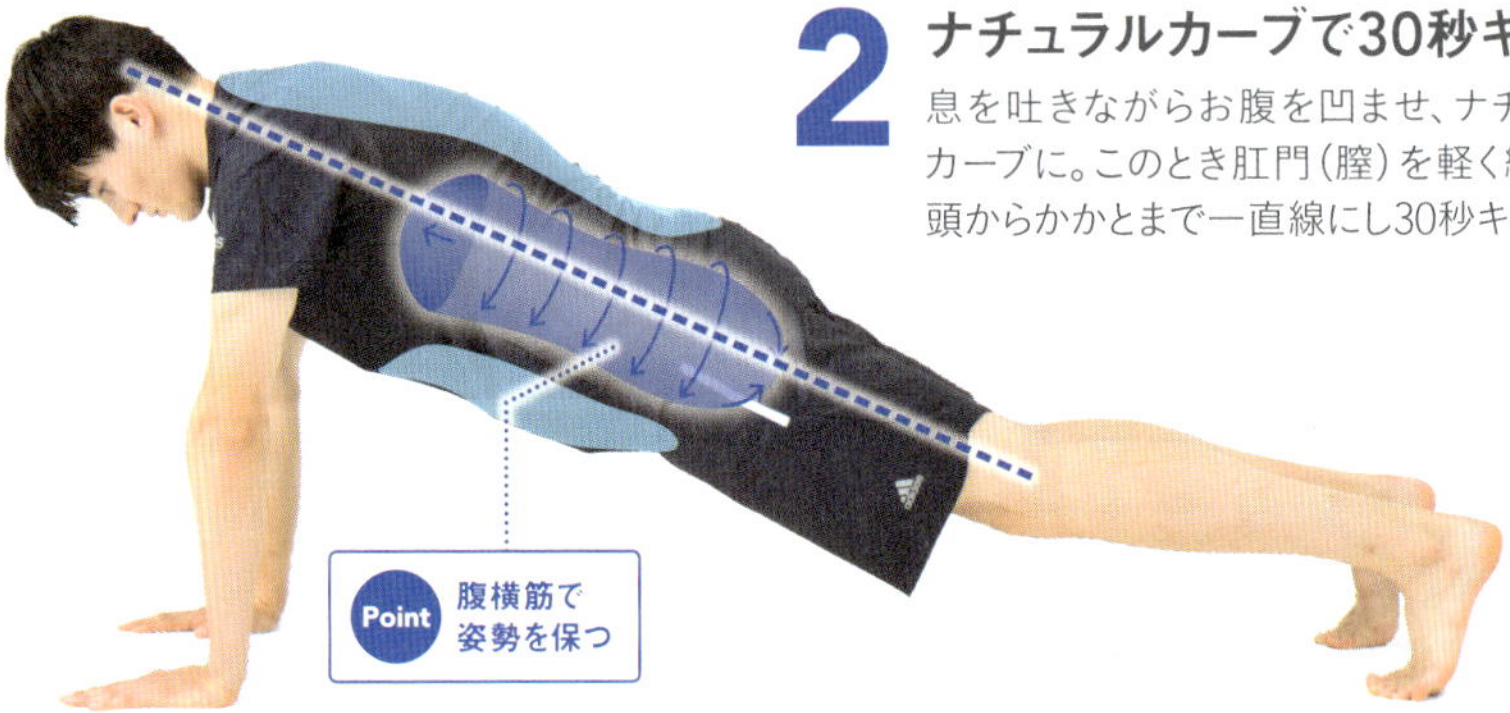

2 ナチュラルカーブで30秒キープ

息を吐きながらお腹を凹ませ、ナチュラルカーブに。このとき肛門(膣)を軽く締める。頭からかかとまで一直線にし30秒キープ

NG

お尻が上がり 腰が丸まっている

この姿勢だと体重が後ろにかかり負荷が下がってしまう

コンタクトスポーツのためのトレーニングプログラム

ジャックナイフ

インナーユニットと体の前面の筋肉をしっかり連動させる

体幹トレーニング　20回×2、3セット

1 両手・両足をつき 腰を大きく反らせる

うつぶせから手を肩幅よりやや広めにして床につき、ひじを伸ばす。足は腰幅に開いて、腰を大きく反らせる

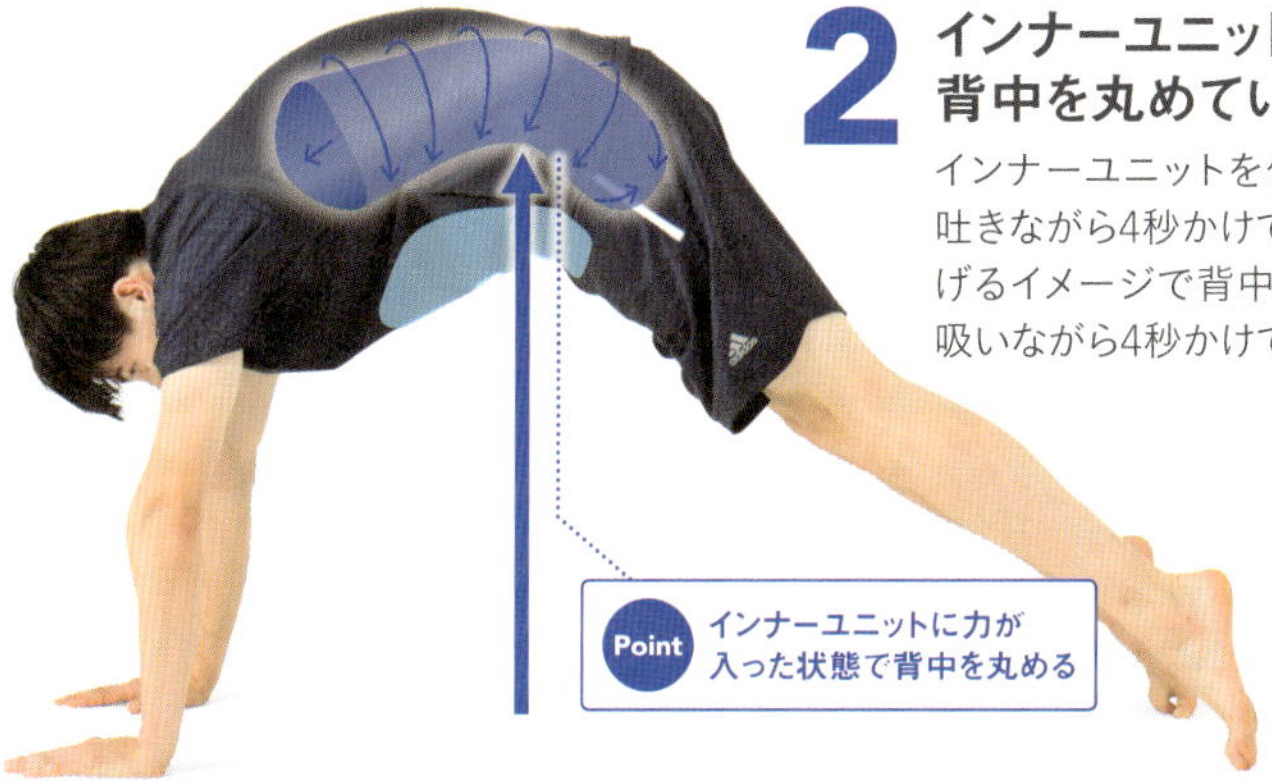
Point
インナーユニットに力が
入った状態で背中を丸める

2 インナーユニットを作動させ 背中を丸めていく

インナーユニットを作動させたら、息を吐きながら4秒かけて腹部を上に押し上げるイメージで背中を丸めていく。息を吸いながら4秒かけて**1**に戻る

NG

腰が後ろに引けている

腰を後ろに引くと、腹筋群には効かない

easy

ひざをつく

ひざをつき足を上げると、支える体の長さが短くなるぶん強度が下がる

サイドプランク

インナーユニットと腹斜筋に肩まわりも連動させる

体幹トレーニング 左右各30秒×2、3セット

1 横寝から上体を起こし上側の脚を前にずらす

横向きに寝て、ひじを伸ばし上体を起こす。脚は揃えて伸ばし、上の脚を前にずらす

easy

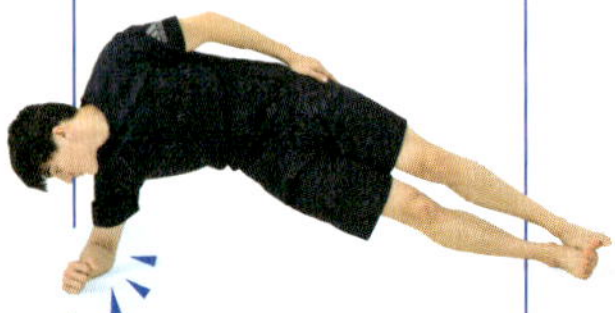

ひじをつく

体がグラついてうまくいかない人は、ひじをつくと楽にできる

2 腰を持ち上げながら上側の腕を天井方向に伸ばす

インナーユニットを入れ、腰を持ち上げながら上側の腕を天井に向かってまっすぐ伸ばす。30秒キープ。反対側も同様に

インナーユニットを入れて、わき腹をギュッと収縮させる

NG

腰が落ちている

インナーユニットが抜けるとこうなる。腰をしっかり上げて姿勢をキープしよう

コンタクトスポーツのためのトレーニングプログラム

サイドバキューム

インナーユニットと腹斜筋を強く収縮させる

体幹トレーニング　左右各30秒×2、3セット

1 横寝から上体を起こし上側の脚を前にずらす

横向きに寝て、ひじを伸ばし上体を起こす。脚は揃えて伸ばし、上の脚を前にずらす

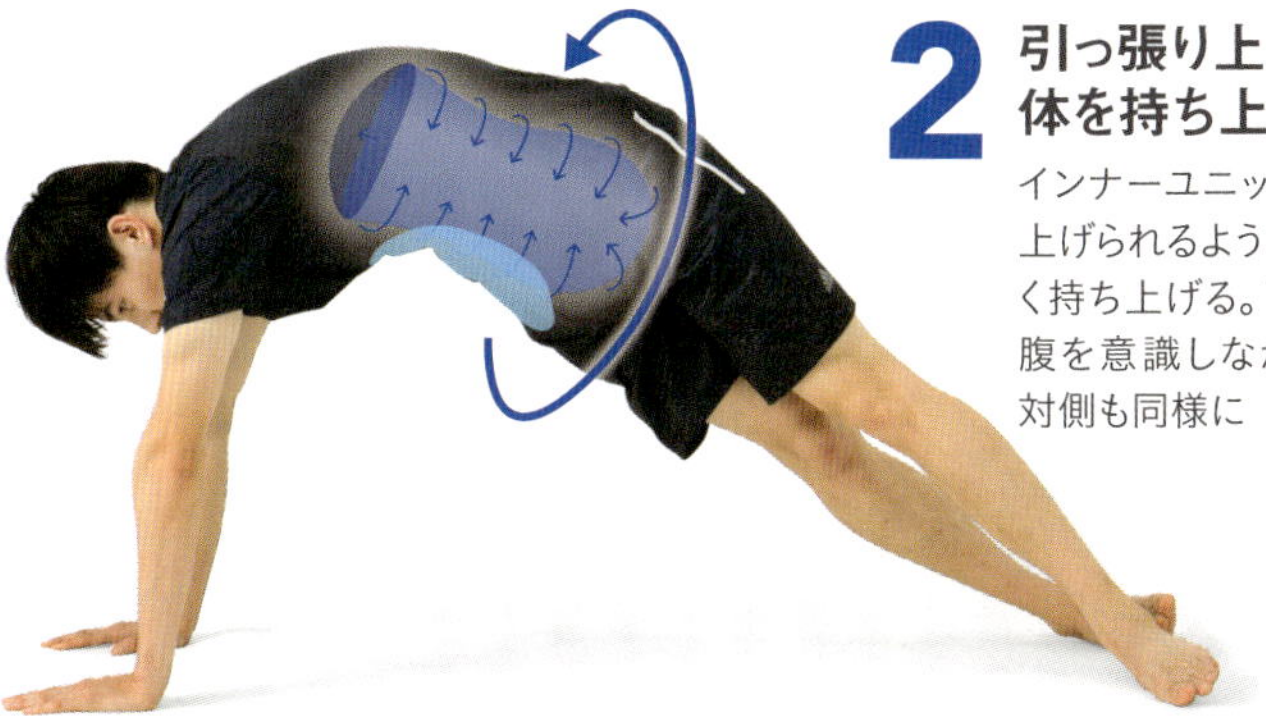

2 引っ張り上げられるように体を持ち上げる

インナーユニットを入れ、引っ張り上げられるようなイメージで腰を強く持ち上げる。下になるほうのわき腹を意識しながら30秒キープ。反対側も同様に

NG

胸やお腹を真下に向けない

体を上げたときに胸やお腹を床に向けると、腹斜筋ではなく腹直筋に効いてしまう

hard

一方の手を離す

体が上がったときに上側の手を離すと、より強くわき腹を収縮させられる

ハンドウォーク&サイド

上半身を腕で支えながら動かしてもインナーユニットが抜けない体に

体幹トレーニング 2、3セット

Point
インナーユニットが
抜けないようにする

standby 手は肩の下につき インナーユニットを入れる

うつぶせになり、手は左右の肩の下で床につく。脚は後ろに伸ばし、頭からかかとまでを一直線に保ったらインナーユニットを入れる

腕をクロスさせながら左右に移動する

足の位置は変えず、手をクロスさせながら横にずらして移動する。2、3回クロスさせて左に進んだら、同じ要領で元の位置に戻る

start
return

コンタクトスポーツのためのトレーニングプログラム

サイドブリッジ

当たり負けしないインナーユニットの総仕上げ

体幹トレーニング　左右各20回×2、3セット

頭から足先を
一直線にキープ

1 体を一直線にして一方の腕を天井方向に伸ばす

横寝の体勢になる。下側の腕は肩の下で手を床につき、ひじを伸ばす。頭から足先まで一直線にし、上側の腕は天井方向に伸ばす。インナーユニットを入れる

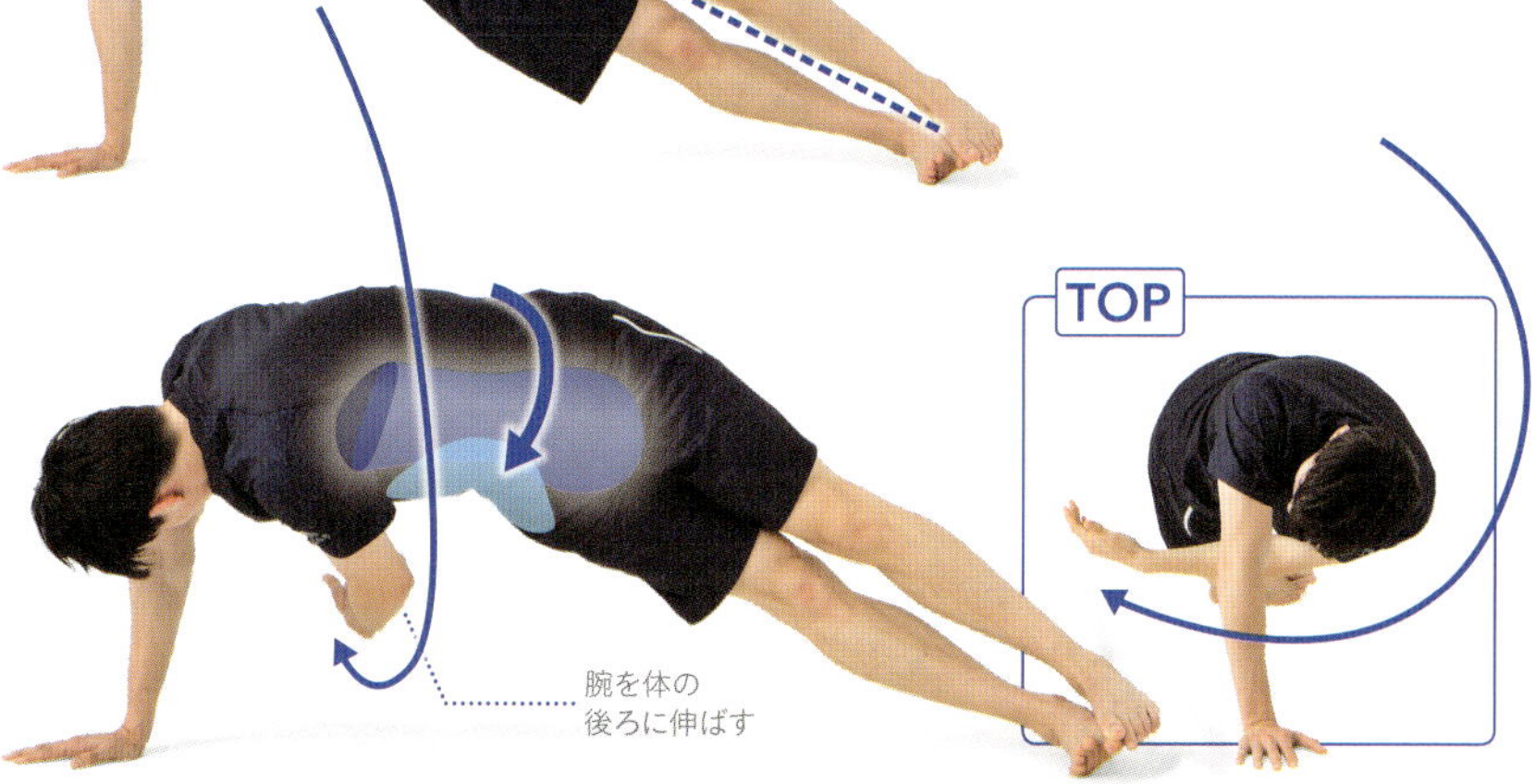
TOP
腕を体の
後ろに伸ばす

2 手を振り下ろし体の後ろへ伸ばす

呼吸は自然に行いながら、上げた腕を4秒かけて振り下ろし、体の下を通して後ろへ伸ばす。このとき視線も後ろに向ける。再び振り上げ4秒かけて腕を天井方向に伸ばす。反対側も同様に

腕を垂直に上げる

正面から見たときに頭から足元を一直線に保つだけでなく、足元から見たときも、頭まで一直線に保つ。天井方向に伸ばした腕も真上に上げよう

OK
NG
腕が左右に
振れる

姿勢が悪くなる大きな要因として挙げられるのが、筋力低下です。筋力が低下すると、二足歩行をして姿勢を保つ、という当たり前のことすら苦しくなります。こうして体にとって自然なはずの、よい姿勢を維持するのが難しくなっていくのです。

この場合はインナーユニットのトレーニングだけでなく、姿勢保持に使われる筋肉を鍛えることが必要です。姿勢は、体の前面（フロントライン）と背面（バックライン）の筋肉のバランスで決まるため、どちらかが弱ければ姿勢はくずれます。背面が弱ければ背中が丸まり、前面の筋肉が弱ければ腰が反っていくのです。

人間の体は表裏一体なので、まずは前面・背面の筋力バランスをイーブンに近づけましょう。そのためのアウターマッスルを鍛える種目だけ

姿勢改善のためのトレーニングプログラム

でも数が多いため、インナーユニットの種目は一つに絞りました。これはイスに座ったままできるので、仕事の休憩時間やテレビを観ている合間などでもできます。わざわざトレーニングの時間を設けずにできるぶん、習慣化しやすいと思いますし、長時間、座っていたときなどは姿勢が悪くなったことに気づくシグナルにもなるでしょう。

今回のプログラムの一部に、バランスボールを使ったアレンジを紹介しました。さまざまな条件下で姿勢をコントロールする力が養われるので、お持ちの方はぜひチャレンジしてみてください。

プログラムと並行し、エスカレーターや車の使用を少しひかえて、よく歩く、体を使う生活をすると、さらに効果的です。

体幹トレーニング
（インナーユニット）
▶P149

体の前面の筋トレ
（腹直筋と大腿四頭筋）
▶P146

体の背面の筋トレ
（臀筋群、ハムストリングス）
▶P145

バックライン ❶

お尻から背中を鍛えて猫背を解消

筋トレ 20回×2、3セット

1 足をイスの端に乗せる

あお向けになり両脚は伸ばす。足をイスの端に乗せて骨盤幅に開く。左右の手は床につく

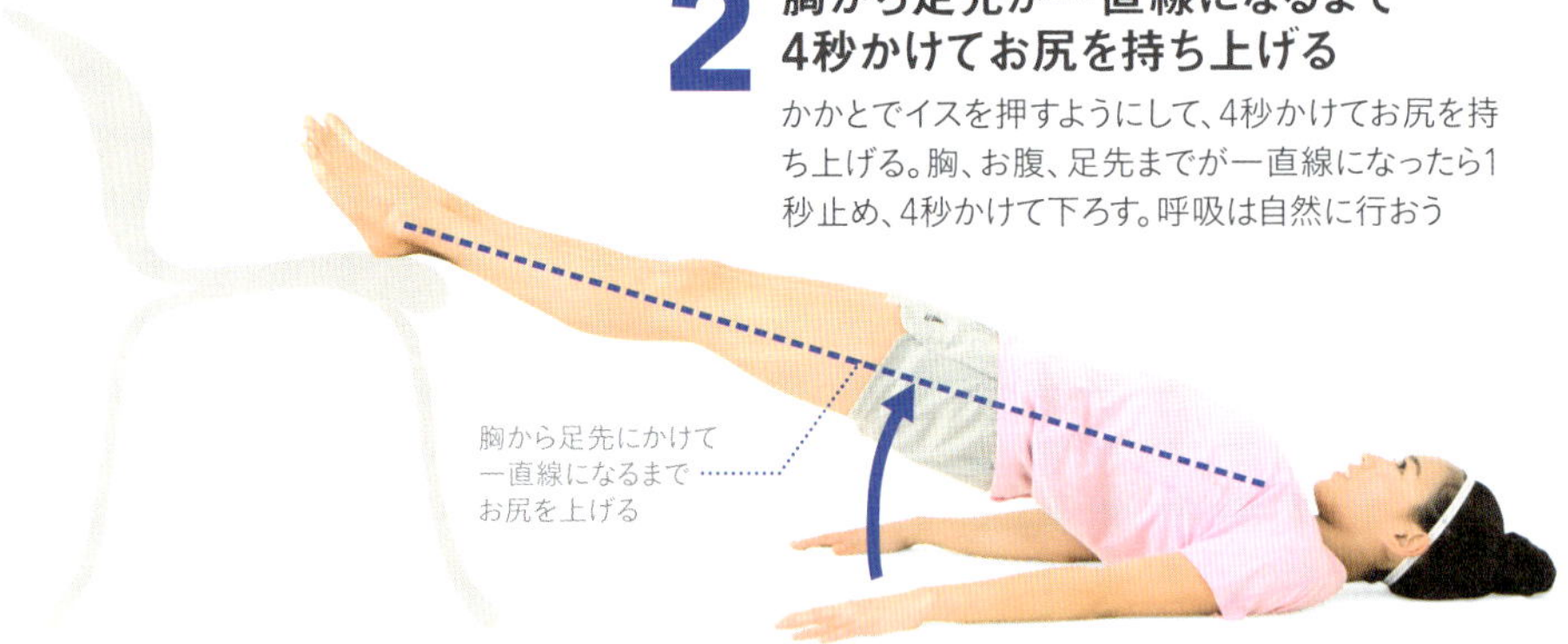
胸から足先にかけて
一直線になるまで
お尻を上げる

2 胸から足先が一直線になるまで4秒かけてお尻を持ち上げる

かかとでイスを押すようにして、4秒かけてお尻を持ち上げる。胸、お腹、足先までが一直線になったら1秒止め、4秒かけて下ろす。呼吸は自然に行おう

hard

バランスボールにかかとを乗せて行う

イスの代わりに不安定なバランスボールに足を乗せると、さらにバランス力が鍛えられる

姿勢改善のためのトレーニングプログラム

バックライン ②

片脚での腰上げで、さらに背面を強化

筋トレ　左右各20回×2、3セット

ひざを軽く曲げて
脚を上げる

1 一方の足はイスに乗せ もう一方は ひざを曲げて上げる

あお向けになり両脚は伸ばす。一方の足はイスの端に乗せ、もう一方の脚はひざを少し曲げて上げる。左右の手は床につく

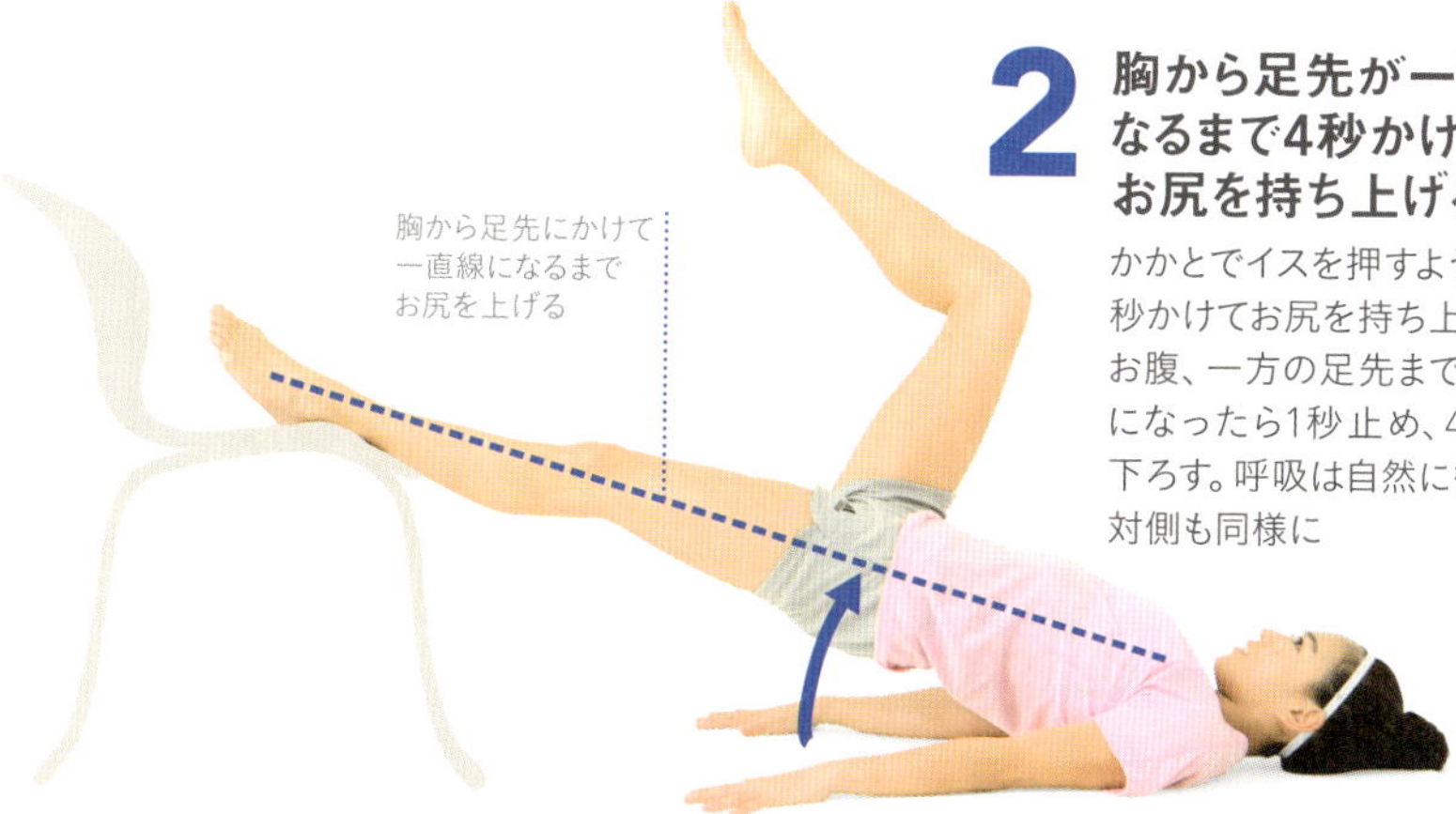
胸から足先にかけて
一直線になるまで
お尻を上げる

2 胸から足先が一直線に なるまで4秒かけて お尻を持ち上げる

かかとでイスを押すようにして、4秒かけてお尻を持ち上げる。胸、お腹、一方の足先までが一直線になったら1秒止め、4秒かけて下ろす。呼吸は自然に行おう。反対側も同様に

hard

バランスボールに かかとを乗せて行う

イスの代わりに不安定なバランスボールに足を乗せると、さらにバランス力が鍛えられる

レッグエクステンション&クランチ（フロントライン）

体幹を入れながらお腹と太ももを連動させる

筋トレ 20回×2、3セット

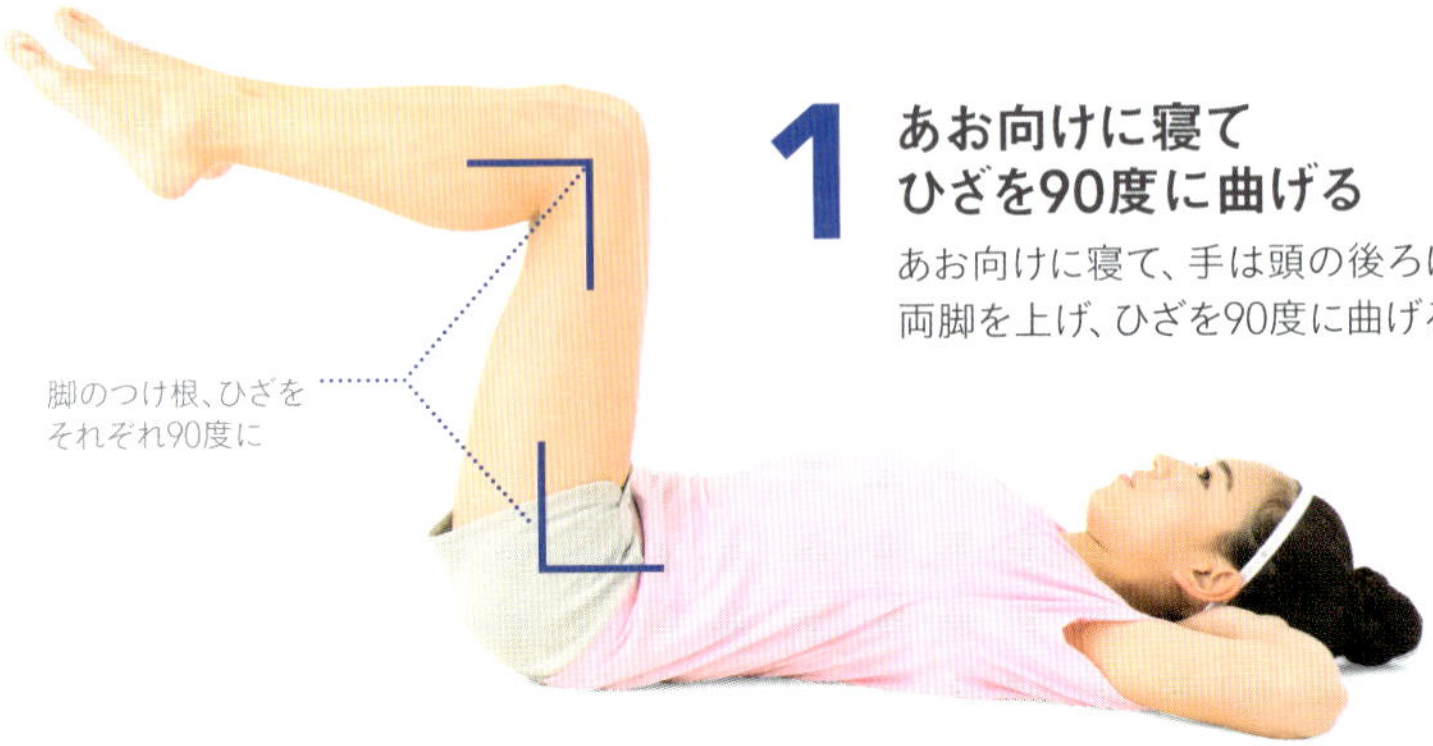
脚のつけ根、ひざを
それぞれ90度に

1 あお向けに寝て ひざを90度に曲げる

あお向けに寝て、手は頭の後ろに。
両脚を上げ、ひざを90度に曲げる

両脚を
天井方向に
伸ばす
太もも前面に
力を入れる

2 両脚を天井方向に伸ばし 同時に上体を起こす

両脚を天井方向に伸ばしながら、
上体をできるだけ起こす

hard

1 あお向けに寝て ひざを90度に曲げる

あお向けに寝て、手は頭の後ろに添える。両脚のひざ下でバランスボールを挟み、脚のつけ根、ひざをそれぞれ90度に曲げる

2 両脚を伸ばすと 同時に 上体を起こす

バランスボールを挟んだまま脚を天井方向に伸ばし同時に上体をできるだけ起こす

ヒップリフト ④（バックライン）

姿勢を支える臀筋群をパワーアップ

筋トレ 20回×2、3セット

1 イスに左右の肩を乗せ 胸の前で腕をクロス

イスの上にあお向けになり、肩甲骨から頭までを乗せる。ひざを曲げ、足は腰幅に開く。腕は胸の上でクロスさせる

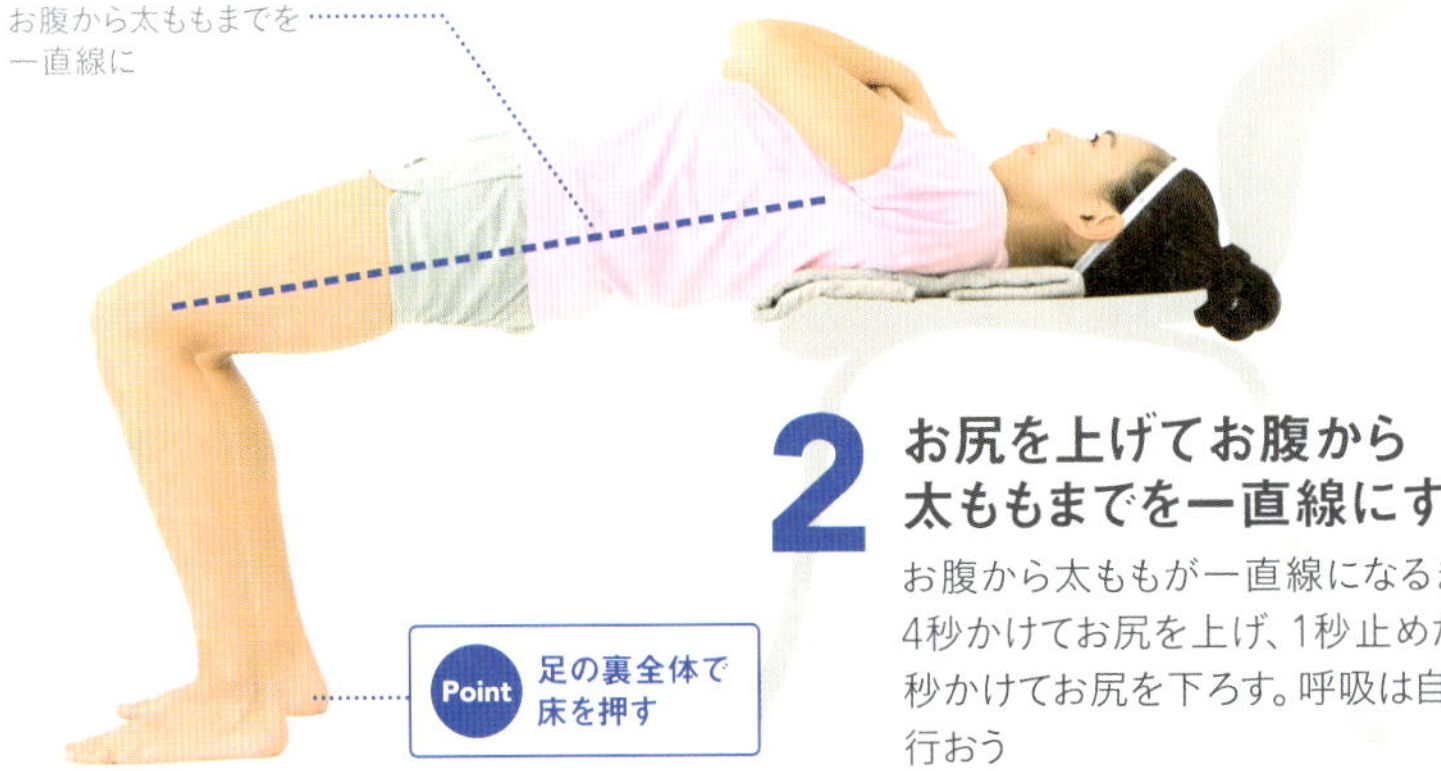
お腹から太ももまでを一直線に
Point 足の裏全体で床を押す

2 お尻を上げてお腹から 太ももまでを一直線にする

お腹から太ももが一直線になるまで、4秒かけてお尻を上げ、1秒止めたら4秒かけてお尻を下ろす。呼吸は自然に行おう

NG

かかとを浮かせない

かかとを浮かせると、お尻を上げにくくなる

姿勢改善のためのトレーニングプログラム

シッティングドローイン

スモールボールを使ってドローイン

体幹トレーニング　10回以上

1

腰と背もたれのあいだにスモールボールを挟み腰を大きく反らせる

イスに骨盤を立てて座り、腰と背もたれのあいだにスモールボールを挟む。5秒かけて鼻から息を吸い、腰を大きく反らせる。同時に腕を左右に開き、胸を広げる

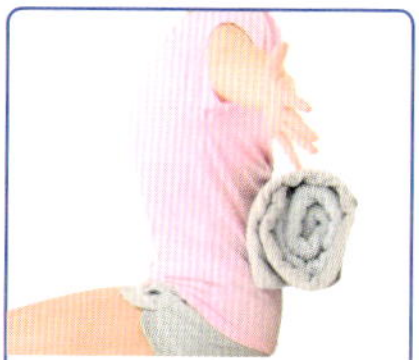

丸めたバスタオルで代用してもOK

スモールボールのない人は、バスタオルを丸めたものを使おう

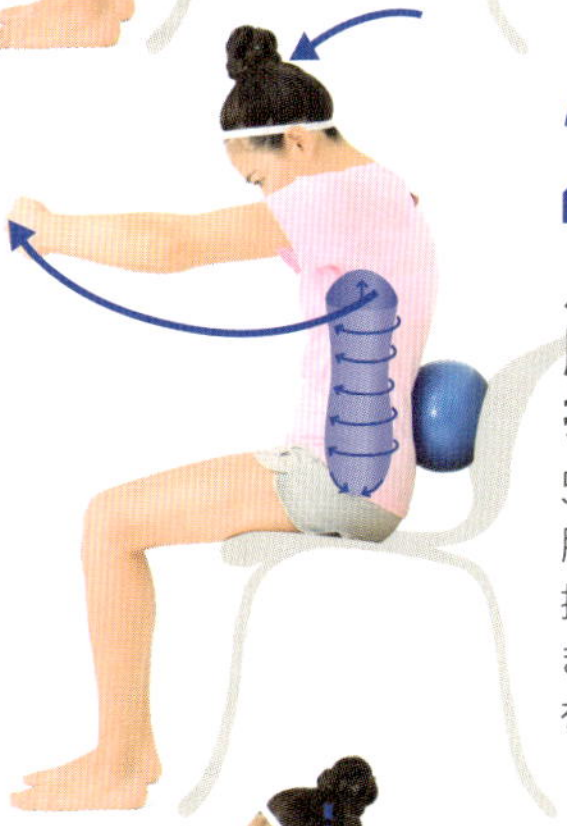

2

息を吐きながら腰でスモールボールを押し戻していく

5秒かけて口から息を吐きながらお腹を凹ませ、腰でスモールボールを押し戻す。同時に、腕は体の前で大きなボールを抱えるイメージで輪をつくる。頭は前に倒す

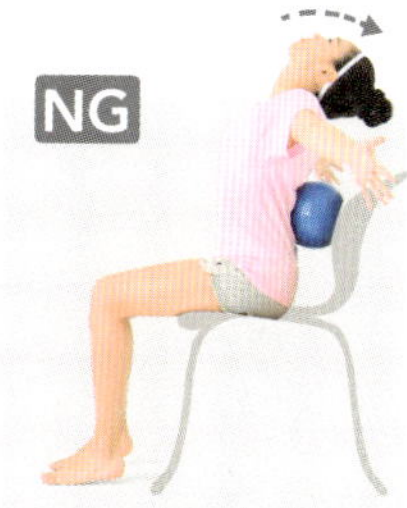

あごが上がってしまう

息を吸いながら両腕を左右に広げたとき、あごが上がりすぎないよう注意

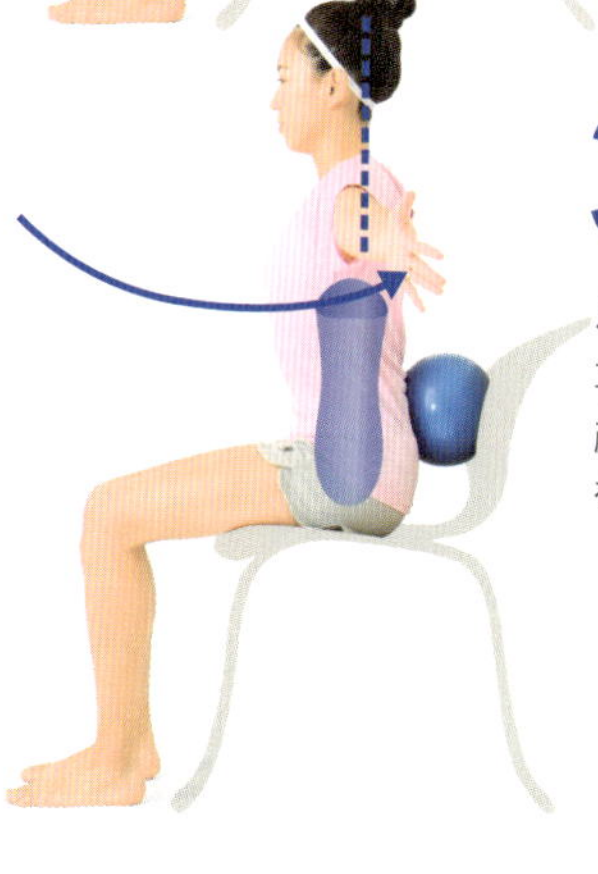

3

息を吸い両腕と胸を開く

再び5秒かけて鼻から息を吸い、顔を上げて両腕を左右に開き、胸を広げる。**2**〜**3**を繰り返す

慢性的に疲れやすいとしたら、ロコモティブシンドローム（運動器症候群）、通称ロコモの予備軍になっていることが疑われます。ロコモとは、骨や筋肉、関節などの機能低下により要介護になる危険性が高い状態、またはすでに要介護の状態をさします。

「要介護」と言われてもピンとこないでしょうが、下半身の筋肉は対策を講じないと20歳をピークに年に約1％ずつ減ると言われているため、誰もがロコモになるおそれはあります。

ロコモ予防のメインは、下半身の筋トレです。目標は「年1％」の減少を食い止め、かつ筋力をアップすること。高齢者向けではありますが、強度が低すぎては効果を望めないので、なかなかタフなプログラムになりました。

疲れにくい体をつくるための トレーニングプログラム

ロコモ、またはロコモ予備軍の判定基準の一つが、片足立ちできるかどうかです。たとえば片足立ちで靴下をはけない、5秒止まれない、立ち上がるときに壁に手をつく、靴をはくときに壁に寄りかかるとしたら、すでに危険信号。

片足立ちは筋力もバランス力も必要なので、片足立ちをからめた種目が多くを占めています。基本の回数から始めて、できれば倍のセット数ができるようチャレンジしましょう。

現代は「コドモロコモ」という言葉があったり、20代でもロコモ判定に引っかかる方もいたりします。片足立ちでパパッと靴下をはけないようなら年齢を問わず、実践してほしいプログラムです。

お尻の筋トレ
（大臀筋、中臀筋）
▶P152

下肢の筋トレ
（太もも）
▶P154

体幹トレーニング ▶ **習得に時間がかかるインナーユニットのトレーニングより、最低限の筋力を取り戻すことを優先すべき**

ヒップリフト ①

衰えがちなお尻の筋肉をギュッと締める

筋トレ　20回×2、3セット

1 あお向けになり両ひざを立てる

あお向けに寝てひざを立て、足を腰幅に開く。
腕は自然に左右に伸ばす

Point 足の裏全体で床を押す

2 足の裏で床を押しお尻を持ち上げる

足の裏で床を押しながら、4秒かけてお尻を持ち上げる。
胸、お腹、太もも前が一直線になったら4秒かけて**1**に戻る。
呼吸は自然に行おう

疲れにくい体をつくるためのトレーニングプログラム

ヒップリフト ②

片脚を上げ、さらにバランス力を強化

筋トレ　左右各20回×2、3セット

1 あお向けになり片脚を上げる

あお向けに寝て一方のひざを立てて、もう一方の脚はひざを軽く曲げて上げる。腕は自然に左右に伸ばす

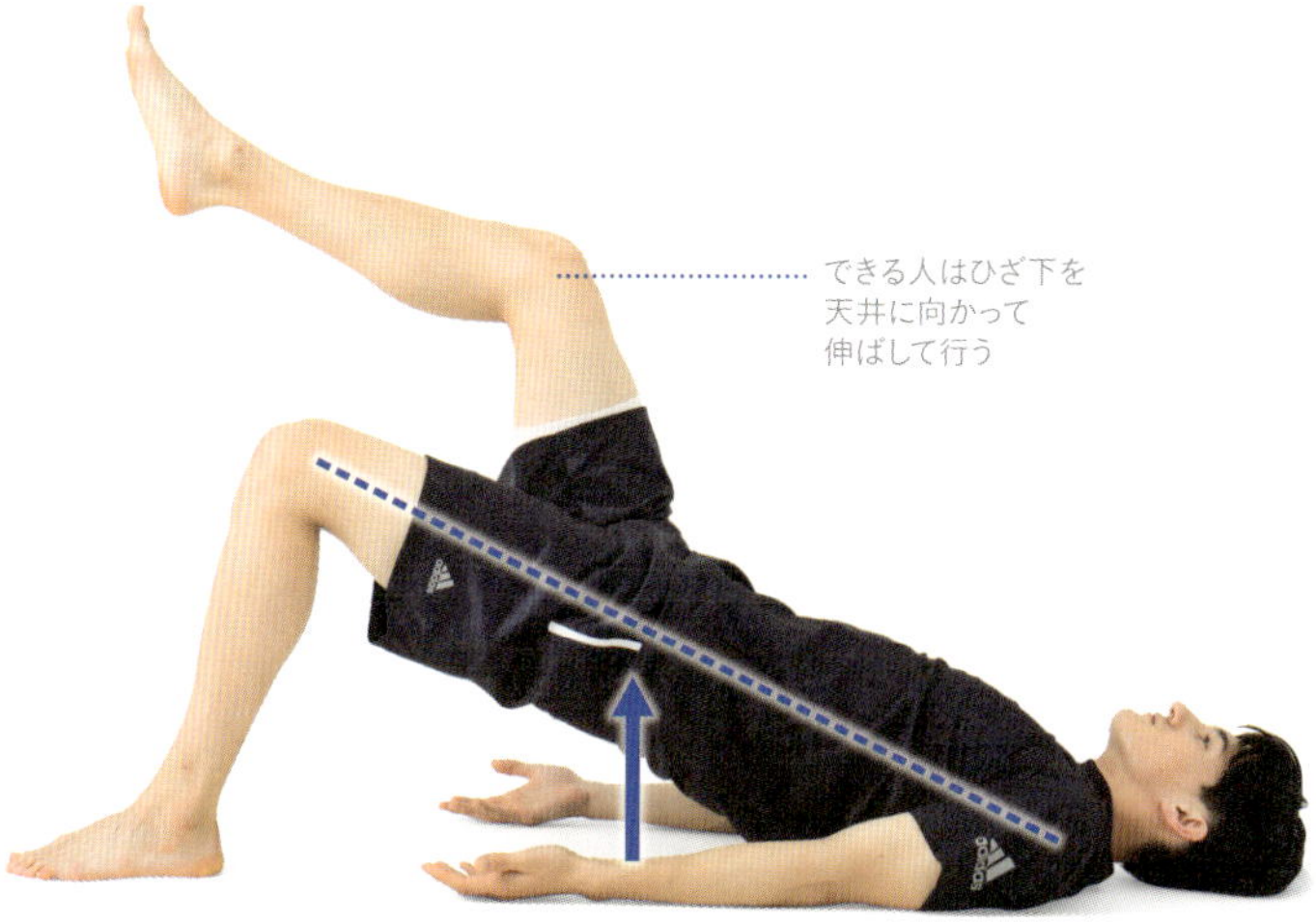
できる人はひざ下を
天井に向かって
伸ばして行う

2 お尻を持ち上げて胸、お腹、太もも前を一直線に

足の裏で床を押すようにして、4秒かけてお尻を持ち上げる。胸、お腹、太もも前が一直線になったら4秒かけて**1**に戻る。呼吸は自然に行おう。反対側も同様に

イススクワット

お尻をメインに脚全体をしっかり鍛える

筋トレ　20回×2、3セット

1 足を腰幅に開き イスの前に立つ

足先は少し外側に向ける

2 お尻を突き出しながら ひざを曲げていく

お尻を後ろに突き出しながら、ひざを曲げていく。太ももに手をつき、4秒かけてイスの座面に触れる直前までしゃがむ。それから4秒かけて立ち上がる。呼吸は自然に行おう

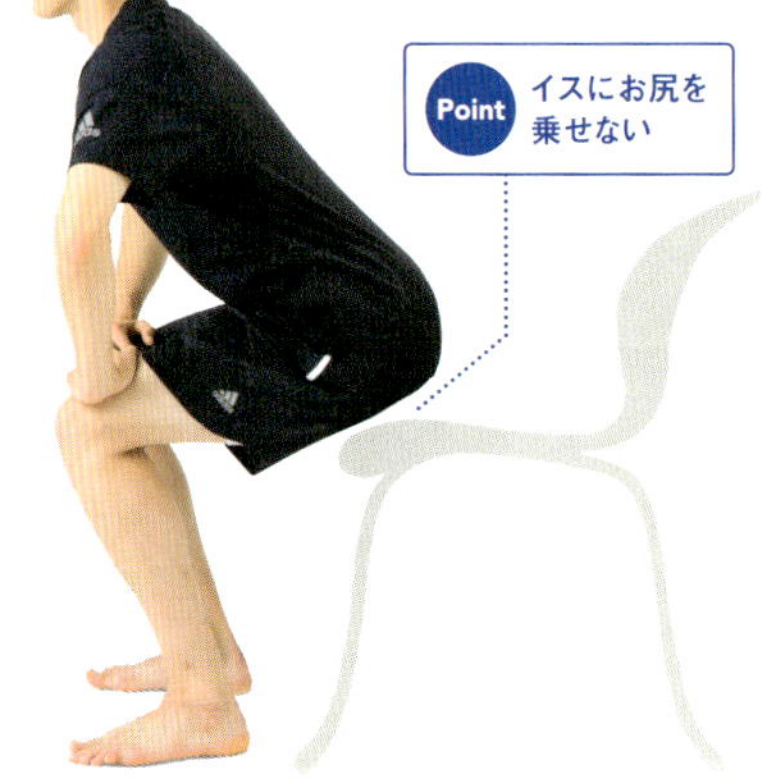

Point イスにお尻を乗せない

easy

両腕を前に伸ばしてもOK

両腕を前に伸ばして行うと、バランスがとりやすい場合もある

腰を下ろしたとき、ひざが内側に入ると関節を痛めやすい。必ず、ひざとつま先の向きが揃うように意識して動こう

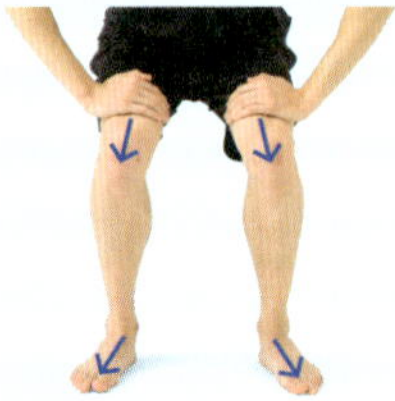

OK 腰を下ろしたときにひざとつま先の向きが揃う

NG 腰を下ろしたときにひざが内側に入っている

疲れにくい体をつくるためのトレーニングプログラム

ワンレッグスタンドアップ

バランス力が必要な片足立ちで下肢の筋力をアップ

筋トレ　左右各20回×2、3セット

1 イスに浅く座り 一方の足を浮かせる

イスに浅く座り、手は座面に。
一方の足を床から浮かせる

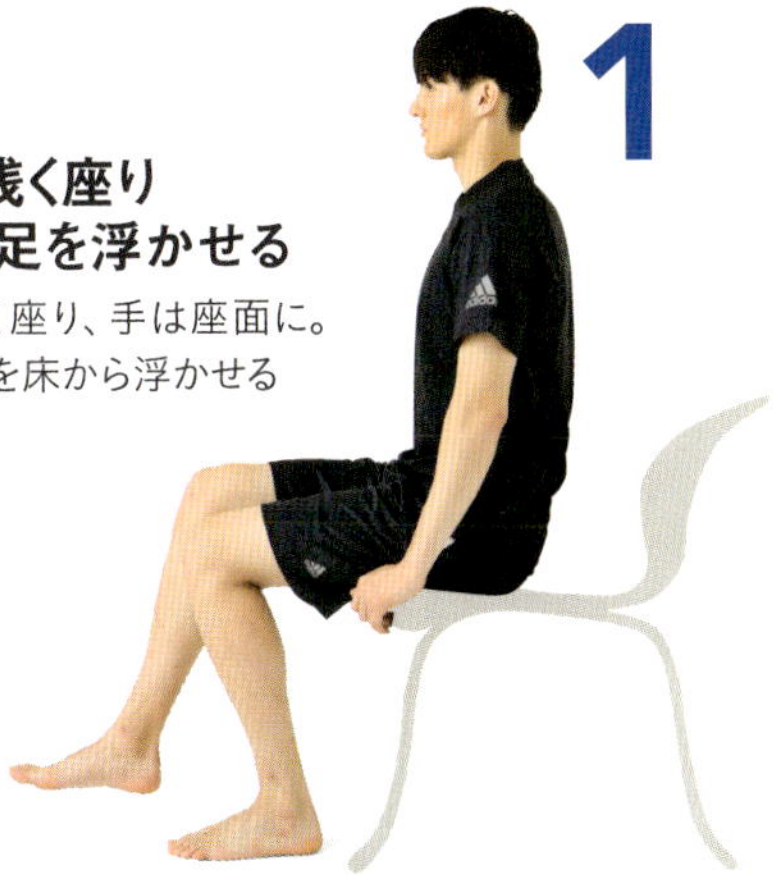

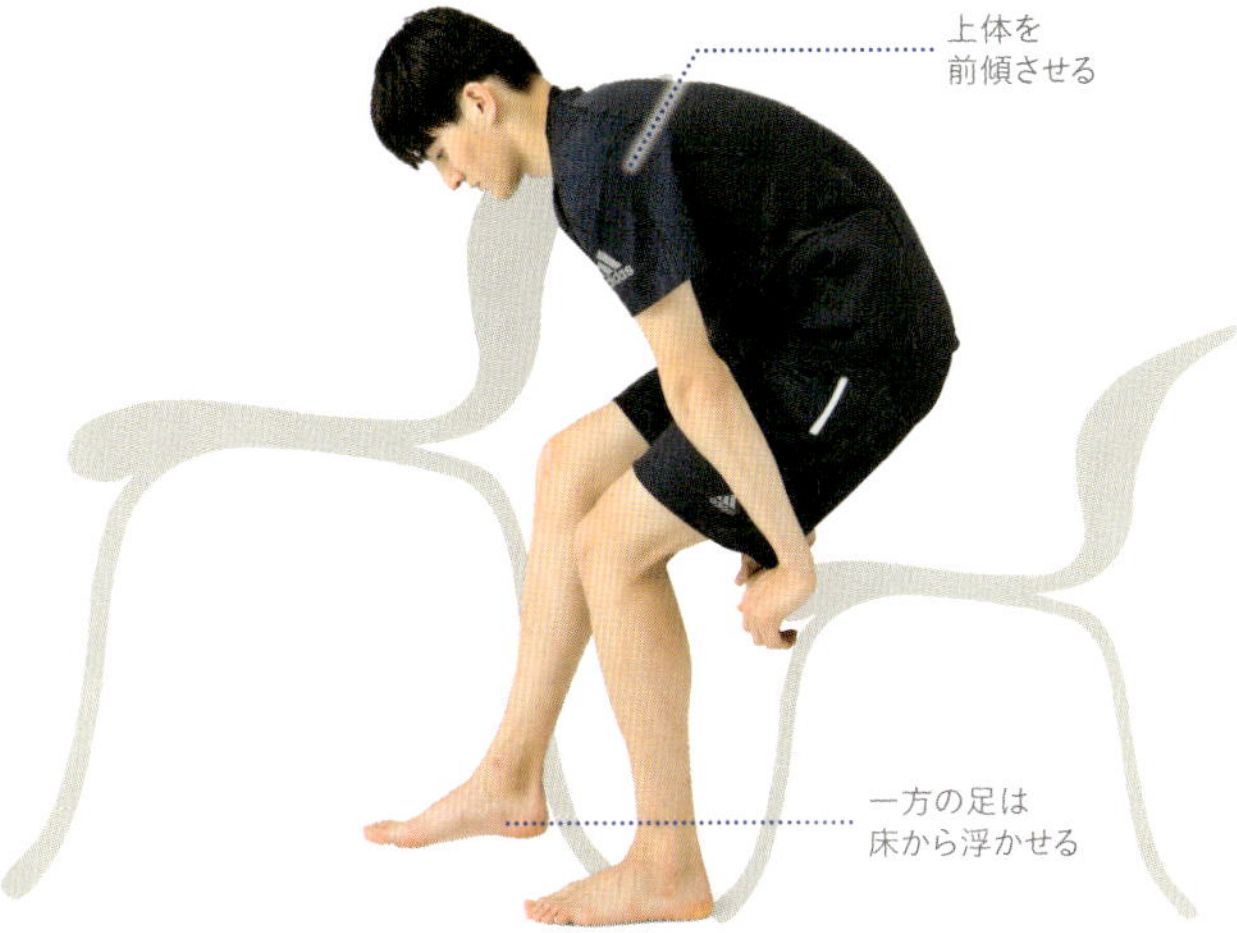
上体を
前傾させる
一方の足は
床から浮かせる

2 上体を前傾させながら 立ち上がる

上体を前傾させながら、お尻を
イスから浮かせる

3 ひざを伸ばして 片足立ちになる

4秒かけてひざを伸ばし、片足立ちになる。それから4秒かけてイスに腰を下ろす。呼吸は自然に行おう。反対側も同様に

フロントランジ

体重を負荷にして下半身を強く刺激

筋トレ 左右各20回×2、3セット

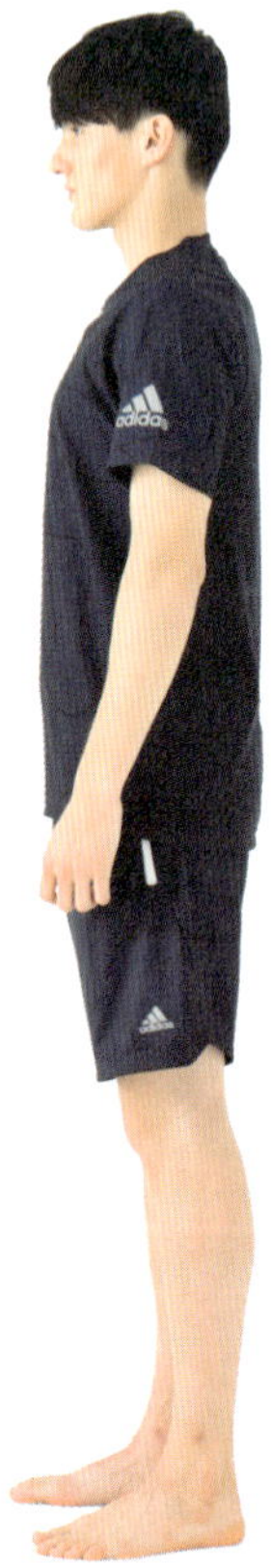

1 **足を肩幅に開いて立つ**

2 **一方の足を一歩前に踏み出し腰を落とす**

一方の足を大きく一歩前に踏み出し、ひざが直角に曲がるまで腰を落とす。ひざを伸ばしながら前に出した足を戻す。左右交互に踏み出す

hard

両腕を頭上に伸ばして強度をアップ!

慣れてきたら、両腕を頭上に伸ばして行う。体幹の筋肉を使いながらできるぶん、よりトレーニング効果が高い

easy

手を壁につく

バランスをとるのが難しい人、ひざに不安のある人は、まずは一方の手を壁につけて行い、筋力をつけよう

腰を落としたとき、ひざが内側に入ると痛めやすい。かならず、ひざ頭とつま先が正面を向くように意識して動こう

OK
腰を落としたときにつま先とひざが正面を向いている
NG
ひざが内側に入っている

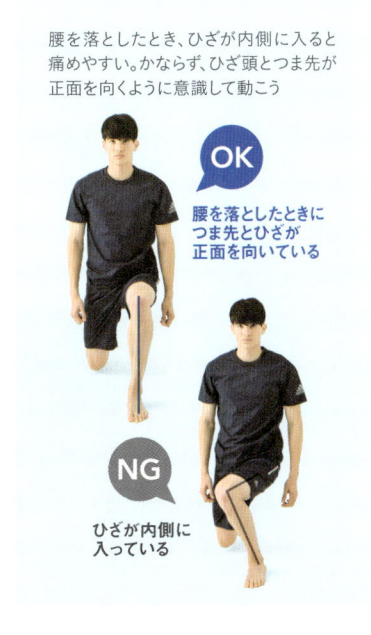

フロントランジ&スタンドアップ

体幹を意識しながら踏み出して筋力を養う

筋トレ 左右各20回×2、3セット

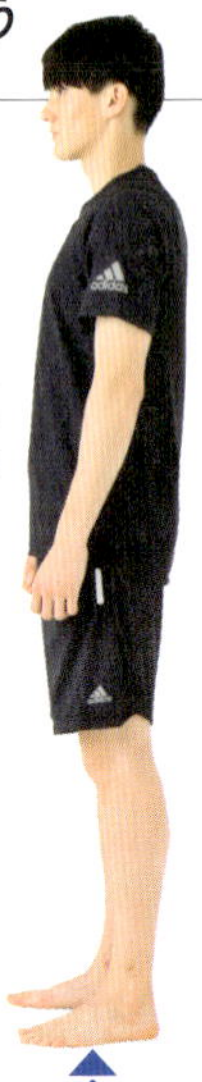

1 足を肩幅に開いて立つ

2 一方の足を一歩前に踏み出し腰を落とす

一方の足を大きく一歩前に踏み出し、ひざが直角に曲がるまで腰を落とす。このとき、後ろのひざは床すれすれまで下げる

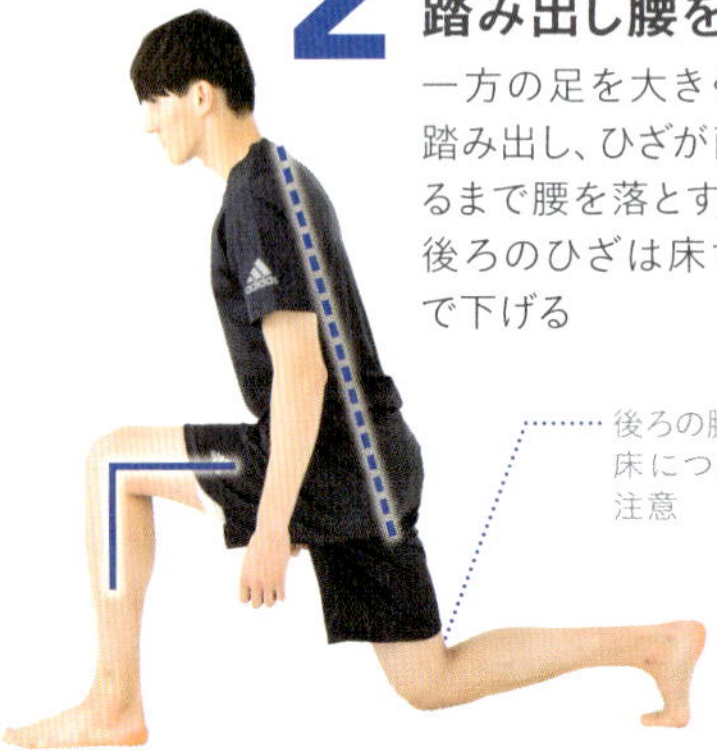
後ろの脚のひざが
床につかないよう
注意

大また踏み込みウォーキング

下半身の筋トレに有酸素運動効果をプラス

筋トレ 20回×2、3セット

1 足を肩幅に開いて立つ

2 一方の足を一歩前に踏み出し腰を落とす

一方の足を大きく一歩前に踏み出し、ひざが直角に曲がるまで腰を落とす。同時に上体をひねり、前に出した脚と逆側のひじを、前脚のひざの外側にタッチ

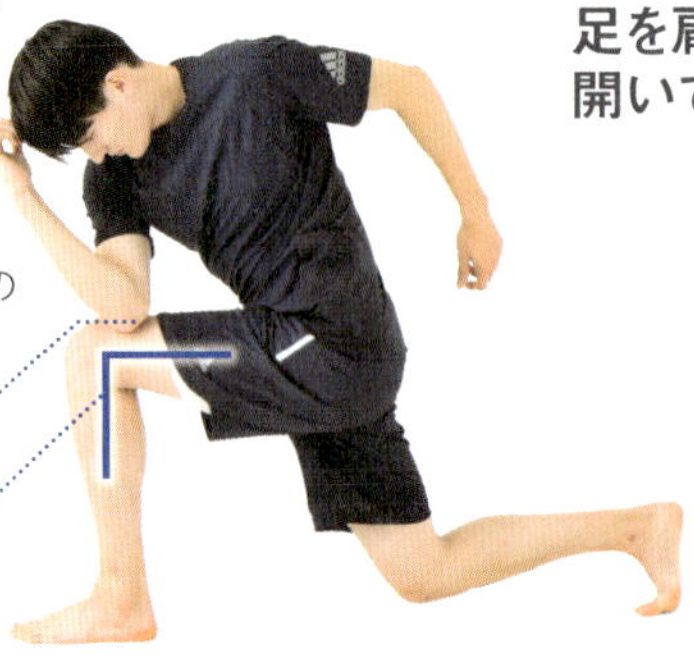
逆側のひじで
ひざの外側にタッチ
前に出した脚の
ひざは直角に曲げる

hard

両手を頭の後ろに添える

慣れてきたら、両手を頭の後ろに添えて行う。背筋群も使うことになるため、より効果的に全身をトレーニングできる

3 前の脚のひざを伸ばし後ろ足を床から離す

Point 背すじを伸ばしてバランスをキープ

4 後ろ足を踏み出し再び腰を落とす

後ろ足を前に踏み出し、ひざが直角に曲がるまで腰を落とす

5

前に出した脚の足の裏で床を強く押してひざを伸ばし、後ろ足の横に戻す

3 前に出した足を後ろに戻す

前に出した足の裏で床を強く押してひざを伸ばし、後ろの足の横に戻す

4 もう一方の足を一歩前に踏み出し腰を落とす

続いて、もう一方の足を大きく一歩前に踏み出し、ひざが直角に曲がるまで腰を落とす。同時に上体をひねり、前に出した脚と逆側のひじを、前脚のひざの外側にタッチ

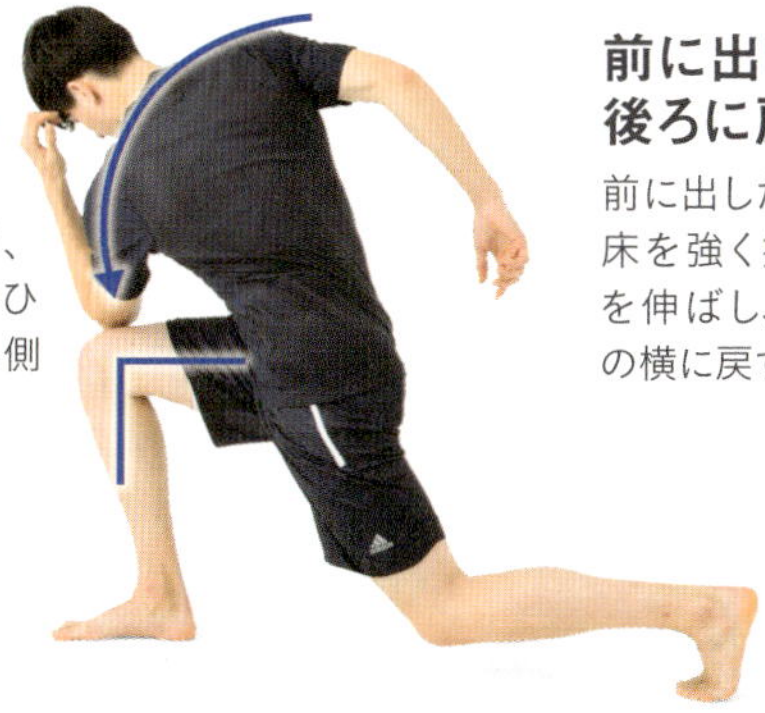

中野ジェームズ修一（なかの・じぇーむず・しゅういち）

1971年生まれ。フィジカルトレーナー。米国スポーツ医学会認定運動生理学士。アディダス契約アドバイザリー。日本では数少ない、メンタルとフィジカルの両面を指導できるスポーツトレーナー。トップアスリートや一般の個人契約者の、やる気を高めながら肉体改造を行うパーソナルトレーナーとして数多くのクライアントを持つ。現在は大学駅伝チームのトレーナーも務めつつ、講演会なども全国で精力的に行っている。
おもな著書に、『下半身に筋肉をつけると「太らない」「疲れない」』（だいわ文庫）、『青トレ 青学駅伝チームのコアトレーニング＆ストレッチ』（徳間書店）などがある。

株式会社スポーツモチベーション
http://www.sport-motivation.com/

おわりに

世界一効く体幹トレーニング

2019年11月30日　初 版 発 行
2020年 2 月20日　第 4 刷発行

著　　者　中野ジェームズ修一
発 行 人　植木宣隆
発 行 所　株式会社サンマーク出版
〒169-0075
東京都新宿区高田馬場2-16-11
電話 03-5272-3166
印刷・製本　共同印刷株式会社

ISBN978-4-7631-3761-6　C2075

ホームページ　https://www.sunmark.co.jp

QRコードでの動画視聴サービスは2021年末までご利用いただける予定ですが、予告なく終了する場合があります